GRAMMAIRE MÉTHODIQUE

DE LA

LANGUE LATINE.

GRAMMAIRE MÉTHODIQUE

DE LA

LANGUE LATINE

Ramenée aux principes les plus simples,

PAR

M. LUCIEN LECLAIR,
PROFESSEUR AGRÉGÉ AU LYCÉE IMPÉRIAL LOUIS-LE-GRAND.

ÉLÉMENTS.

PARIS,
LIBRAIRIE CLASSIQUE D'EUGÈNE BELIN,
RUE DE VAUGIRARD, N° 52.

1859.

Tout exemplaire de cet ouvrage non revêtu de ma griffe sera réputé contrefait.

(1181) SAINT-CLOUD. — IMPRIMERIE DE Mme Ve BELIN.

PRÉFACE.

En publiant ce travail, nous n'avons pas eu la présomption de formuler à nouveau les règles de la langue latine. Ces règles ont été exposées, discutées, fixées dans les savants ouvrages de Port-Royal, de MM. Dutrey et Burnouf. Mais ces méthodes semblent, par l'étendue des matières qu'elles embrassent et par la forme philosophique de leur enseignement, s'adresser à des esprits déjà exercés et convenir plutôt aux maîtres qu'aux élèves. Nos prétentions sont plus modestes; nous avons voulu surtout venir en aide aux élèves.

Il est vrai que sur ce terrain nous rencontrons un grand nombre de grammaires élémentaires qui, s'appuyant sur le texte de Lhomond, se sont proposé d'expliquer, de rectifier et de compléter l'œuvre du maître. Mais, à notre avis, ces ouvrages pèchent par deux endroits.

Obéissant, sans doute, à un sentiment de respect bien légitime en soi, mais mal entendu dans son application, la plupart des reproducteurs de Lhomond ont cru devoir conserver intact le texte original; ils ont laissé subsister les inexactitudes, les fautes même qu'ils voulaient corriger en se contentant de les signaler dans une note. Que résulte-t-il de cette inopportune discrétion? L'élève retient fidèlement la règle qui est défectueuse et se garde bien de se rappeler la note.

Ce parti pris de suivre Lhomond pas à pas les a fait tomber dans une erreur plus grave encore. Sans vouloir tenir compte des progrès de la science grammaticale depuis Lhomond, ils ont maintenu les divisions souvent peu logiques, quelquefois fausses et contradictoires, qui jettent, il faut l'avouer, de la confusion et du décousu dans un livre si remarquable à tant d'autres égards.

Il nous a semblé qu'il était une autre manière d'interpréter Lhomond : c'était de lui emprunter tout ce qu'il a de bon, sa clarté d'exposition, la netteté de ses règles, la simplicité de ses exemples, mais en ramenant tout cela à des principes fondamentaux qui empêchassent l'esprit de l'élève de s'égarer dans un dédale de règles isolées qui le déroutent sans cesse, parce qu'il ne tient pas le fil conducteur. Ces principes fondamentaux sont les mêmes dans toutes les langues; la manière de les exprimer varie seule. Dans toutes les langues la proposition renferme trois termes, le sujet, le verbe et l'attribut; dans toutes les langues, le verbe est susceptible d'avoir un complément direct, indirect ou circonstanciel; dans toutes les langues, enfin, les propositions sont liées entre elles par coordination ou subordination. L'élève a déjà appliqué ces principes à la langue française, il s'agit de les lui faire appliquer à la langue latine; mais il importe qu'il sache bien que ce sont les mêmes principes. Il sait comment ces divers rapports s'expriment en français; ce qu'il a de nouveau à apprendre, c'est de savoir comment on les exprime en latin. Nous aussi, nous avons mis largement Lhomond à contribution ; nous avons reproduit ses règles en les modifiant au besoin, ses exemples en les complétant ; mais ces règles, nous les avons toujours présentées au point de vue de la proposition ; c'est comme parties de la proposition qu'elles sont venues se ranger naturellement les unes à la suite des autres ; dans la syntaxe des propositions, c'est d'après la nature de la dépendance que nous avons rattaché à de grandes classifications cette multiplicité de règles sans lien, sans suite, et dont l'ensemble échappe par là même à de jeunes esprits : voilà notre seule innovation.

Notre méthode se divise en trois parties formant trois volumes distincts.

La première partie contient l'exposé pur et simple des neuf espèces de mots et les premières règles de la syntaxe ; cette partie est destinée aux commençants.

La deuxième partie comprend presque tout ce qui se rapporte aux neuf espèces de mots, ainsi que les règles principales de la syntaxe des mots et des propositions.

La troisième partie renferme la grammaire complète ; elle se termine par deux chapitres, l'un sur les gallicismes, l'autre sur la construction. Ce dernier chapitre, dont l'objet est si important dans la connaissance du latin, est loin d'avoir dans notre ouvrage l'étendue qu'il comporte ; mais, tel qu'il est, il pourra, nous l'espérons, être de quelque utilité aux élèves, surtout s'il est expliqué et développé par le maître.

Nous répéterons ici ce que nous avons déjà dit dans l'avertissement de notre Grammaire française : la première et la deuxième partie ne diffèrent de la grammaire complète que parce qu'elles renferment moins de matériaux ; tout y est semblable : même plan, mêmes définitions, mêmes exemples. On a procédé par suppression ; l'élève n'aura donc rien à désapprendre, et, en abordant l'ouvrage complet, il ne fera qu'ajouter à ce qu'il sait déjà.

Cette division en trois parties nous a, d'ailleurs, été conseillée par de hauts fonctionnaires de l'Université, qui considèrent comme une bonne mesure de ne mettre successivement entre les mains des élèves que des livres qu'ils puissent apprendre complétement. Outre l'avantage de présenter aux élèves un but plus rapproché et par là même plus facile à atteindre, cette division épargne aux maîtres l'embarras de faire un choix dans les matériaux trop souvent mal ordonnés de la grammaire de Lhomond. Ce choix avait de plus un autre inconvénient : si judicieux qu'il pût être, il n'était pas le même partout, et l'enseignement perdait ainsi de cette unité recommandée à diverses reprises dans de récentes circulaires.

ÉLÉMENTS

DE LA

GRAMMAIRE LATINE.

PREMIÈRE PARTIE.

INTRODUCTION.

1. Il y a en latin, comme en français, vingt-cinq lettres, six voyelles et dix-neuf consonnes.

Les voyelles sont : *a*, *e*, *i*, *o*, *u*, *y*.

Les consonnes sont : *b*, *c*, *d*, *f*, *g*, *h*, *j*, *k*, *l*, *m*, *n*, *p*, *q*, *r*, *s*, *t*, *v*, *x*, *z*.

On appelle *diphthongue* la réunion de deux sons en une seule syllabe.

Les principales diphthongues, en latin, sont : *æ* (*ae*), *œ* (*oe*), *au*, *eu*.

2. Il y a, en latin, neuf espèces de mots, savoir : le *nom* ou *substantif*, l'*adjectif*, le *pronom*, le *verbe*, le *participe*, la *préposition*, l'*adverbe*, la *conjonction*, l'*interjection*.

Ces neuf espèces de mots se divisent en mots *variables* et en mots *invariables*.

Les mots *variables*, c'est-à-dire ceux dont la terminaison peut changer, sont : le *nom*, l'*adjectif*, le *pronom*, le *verbe*, le *participe*.

Les mots *invariables*, c'est-à-dire ceux dont la terminaison ne change jamais, sont : la *préposition*, l'*adverbe*, la *conjonction*, l'*interjection*.

CHAPITRE PREMIER.

PREMIÈRE ESPÈCE DE MOTS.

LE NOM OU SUBSTANTIF.

3. Le nom ou substantif est un mot qui sert à nommer une personne ou une chose, comme *Pierre, Paul, livre, chapeau.*

Il y a deux sortes de noms : le nom *commun* et le nom *propre.*

Le nom *commun* est celui qui convient à toutes les personnes et à toutes les choses de la même espèce.

Ex. : *Homme, cheval, maison.*

Le nom *propre* est celui qui s'applique à une seule personne ou à une seule chose.

Ex. : *Adam, Ève, Rome*, le *Tibre.*

4. Il y a, en latin, trois choses à considérer dans les noms : le *genre*, le *nombre*, le *cas.*

Genre.

5. Il y a, en latin, trois genres : le *masculin*, le *féminin*, le *neutre.*

Les noms d'hommes ou d'animaux mâles sont du genre masculin.

Ex. : *Pater*, un père ; *leo,* un lion.

Les noms de femmes ou de femelles sont du genre féminin.

Ex. : *Mater,* une mère ; *leæna,* une lionne.

L'usage a ensuite assigné le genre masculin ou le genre féminin à des choses qui ne sont ni mâles, ni femelles.

Ainsi *Liber*, le livre, *labor,* le travail, sont du masculin ; *Mensa*, la table, *domus*, la maison, sont du féminin.

Outre le masculin et le féminin, communs aux deux langues, le latin admet un troisième genre qu'on appelle *neutre.* A ce genre appartiennent les noms qui ne sont ni masculins, ni féminins.

Ex. : *Cœlum*, le ciel; *templum*, le temple.

Nombre.

6. Il y a en latin, comme en français, deux nombres : le *singulier* et le *pluriel.*

Le *singulier* désigne une seule personne ou une seule chose.

Ex. : *Puer*, l'enfant; *rosa*, la rose.

Le *pluriel* désigne plusieurs personnes ou plusieurs choses.

Ex. : *Pueri*, les enfants; *rosæ*, les roses.

Cas.

7. En français, les noms ont généralement une forme pour le singulier, et une autre pour le pluriel; mais l'une et l'autre forme reste toujours la même.

En latin, au contraire, les noms prennent des formes différentes tant au singulier qu'au pluriel.

Ainsi *rosa* fait au singulier *rosæ, rosam*, *rosa; rosæ* fait au pluriel *rosarum*, *rosis*, *rosas.*

Ces différentes terminaisons d'un même nom s'appellent *cas.*

Il y a en latin six cas, savoir : le *nominatif*, le *génitif*, le *datif*, l'*accusatif*, le *vocatif*, l'*ablatif.*

Réciter de suite les six cas d'un nom, s'appelle *décliner.*

Il y a en latin cinq déclinaisons que l'on distingue par la désinence du génitif singulier et du génitif pluriel.

PREMIÈRE DÉCLINAISON.

---

8. La première déclinaison a le génitif singulier en *æ*, et le génitif pluriel en *arum.*

La plupart des noms de cette déclinaison sont du féminin; quelques-uns sont du masculin.

NOMBRE SINGULIER.

Nom.	Ros a (*f.*),	*la Rose.*
Gén.	Ros æ,	*de la Rose.*
Dat.	Ros æ,	*à la Rose.*
Acc.	Ros am,	*la Rose.*
Voc.	o Ros a,	*ô Rose.*
Abl.	Ros â,	*de la Rose.*

NOMBRE PLURIEL.

Nom.	Ros æ,	*les Roses.*
Gén.	Ros arum,	*des Roses.*
Dat.	Ros is,	*aux Roses.*
Acc.	Ros as,	*les Roses.*
Voc.	o Ros æ,	*ô Roses.*
Abl.	Ros is,	*des Roses.*

Ainsi se déclinent :

NOMS FÉMININS.		NOMS MASCULINS.	
Aqua, æ,	*l'Eau*	Auriga, æ,	*le Cocher.*
Herba, æ,	*l'Herbe*	Collega, æ,	*le Collègue.*
Hora, æ,	*l'Heure*	Conviva, æ,	*le Convive.*
Mensa, æ,	*la Table*	Nauta, æ,	*le Matelot.*
Porta, æ,	*la Porte*	Pirata, æ,	*le Pirate.*
Terra, æ,	*la Terre*	Poeta, æ,	*le Poëte.*

DEUXIÈME DÉCLINAISON.

9. La deuxième déclinaison a le génitif singulier en *i*, et le génitif pluriel en *orum*.

Cette déclinaison comprend des noms masculins en *us*, *er*, *ir*, quelques noms féminins en *us*, et des noms neutres en *um*.

Noms masculins et féminins en US.

SINGULIER.

Nom.	Domin us (*m.*),	*le Seigneur*
Gén.	Domin i,	*du Seigneur.*
Dat.	Domin o,	*au Seigneur.*
Acc.	Domin um,	*le Seigneur.*
Voc.	o Domin e,	*ô Seigneur.*
Abl.	Domin o,	*du Seigneur.*

PLURIEL.

Nom.	Domin i,	*les Seigneurs.*
Gén.	Domin orum,	*des Seigneurs.*
Dat.	Domin is,	*aux Seigneurs.*
Acc.	Domin os,	*les Seigneurs.*
Voc.	o Domin i,	*ô Seigneurs.*
Abl.	Domin is,	*des Seigneurs.*

Ainsi se déclinent :

NOMS MASCULINS.		NOMS FÉMININS.	
Hortus,	*le Jardin.*	Populus,	*le Peuplier.*
Lupus,	*le Loup.*	Alnus,	*l'Aulne.*
Cervus,	*le Cerf.*	Cupressus,	*le Cyprès.*
Corvus,	*le Corbeau.*	Alvus,	*le Ventre.*

Remarque. — Presque tous les noms féminins en *us* de la deuxième déclinaison sont des noms d'arbres.

10. Noms masculins en ER et en IR.

SINGULIER.

Nom.	Puer (*m.*),	*l'Enfant.*
Gén.	Puer i,	*de l'Enfant.*
Dat.	Puer o,	*à l'Enfant.*
Acc.	Puer um,	*l'Enfant.*
Voc.	o Puer,	*ô Enfant.*
Abl.	Puer o,	*de l'Enfant.*

PLURIEL.

Nom.	Puer i,	*les Enfants.*
Gén.	Puer orum,	*des Enfants.*
Dat.	Puer is,	*aux Enfants.*
Acc.	Puer os,	*les Enfants.*
Voc.	o Puer i,	*ô Enfants.*
Abl.	Puer is,	*des Enfants.*

Ainsi se déclinent :

Gener, i,	*le Gendre.*	Vir, i,	*l'Homme.*
Socer, i,	*le Beau-Père.*	Triumvir, i,	*le Triumvir.*

REMARQUES. — I. Dans ces noms le vocatif est semblable au nominatif, tant au singulier qu'au pluriel.

II. Parmi les noms en *er*, les uns gardent l'*e* du nominatif à tous les cas, comme *puer*, *pueri; gener*, *generi;* les autres perdent cet *e* à tous les cas, excepté au vocatif singulier, comme *aper*, *apri*, *ager*, *agri*, etc.

11. Noms neutres en UM.

SINGULIER.

Nom.	Templ um (*n.*),	*le Temple.*
Gén.	Templ i,	*du Temple.*
Dat.	Templ o,	*au Temple.*
Acc.	Templ um,	*le Temple.*
Voc.	o Templ um,	*ô Temple.*
Abl.	Templ o,	*du Temple.*

PLURIEL.

Nom.	Templ a,	*les Temples.*
Gén.	Templ orum,	*des Temples.*
Dat.	Templ is,	*aux Temples.*
Acc.	Templ a,	*les Temples.*
Voc.	o Templ a,	*ô Temples.*
Abl.	Templ is,	*des Temples.*

Ainsi se déclinent :

Folium, i,	*la Feuille.*	Collum, i,	*le Cou.*
Bellum, i,	*la Guerre.*	Exemplum, i,	*l'Exemple.*

Vitium, i,	*le Vice.*	Studium, i,	*l'Etude.*
Brachium, i,	*le Bras.*	Vinum, i,	*le Vin.*

REMARQUES. — I. Dans les noms neutres, le nominatif, l'accusatif et le vocatif, tant du singulier que du pluriel, sont toujours semblables, et ces trois cas, au pluriel, sont toujours terminés en *a*.

II. La terminaison *um* est celle des noms neutres de cette déclinaison ; il faut pourtant en excepter les trois noms suivants : *virus*, le venin; *pelagus*, la mer ; *vulgus*, le vulgaire.

TROISIÈME DÉCLINAISON.

12. La troisième déclinaison a le génitif singulier en *is*, et le génitif pluriel en *um* ou *ium*.

Cette déclinaison comprend des noms masculins, féminins et neutres. Le nominatif singulier n'a pas de désinence fixe ; il se termine généralement en *or*, *er*, *es*, *is*, *o*, *x*, dans les noms masculins et féminins.

Noms dont le génitif pluriel est en UM.

Noms masculins et féminins.

SINGULIER.

Nom.	Labor (*m.*),	*le Travail.*
Gén.	Labor is,	*du Travail.*
Dat.	Labor i,	*au Travail.*
Acc.	Labor em,	*le Travail.*
Voc.	o Labor,	*ô Travail.*
Abl.	Labor e,	*du Travail.*

PLURIEL.

Nom.	Labor es,	*les Travaux.*
Gén.	Labor um,	*des Travaux.*
Dat.	Labor ibus,	*aux Travaux.*

Acc.	Labor es,	*les Travaux.*
Voc.	o Labor es,	*ô Travaux.*
Abl.	Labor ibus,	*des Travaux.*

Ainsi se déclinent :

MASCULINS.		FÉMININS.	
Dolor, doloris,	*la Douleur.*	Arbor, arboris,	*l'Arbre.*
Consul, consulis,	*le Consul.*	Soror, sororis,	*la Sœur.*
Passer, passeris,	*le Moineau.*	Mulier, mulieris,	*la Femme.*
Homo, hominis,	*l'Homme.*	Natio, nationis,	*la Nation.*
Sol, solis,	*le Soleil.*	Uxor, uxoris,	*l'Epouse.*
Frater, fratris,	*le Frère.*	Mater, matris,	*la Mère.*

Remarques. — I. Le vocatif singulier est toujours semblable au nominatif.

II. Tous les noms en *or* sont masculins, excepté trois qui sont féminins (*arbor, soror, uxor*), et quatre qui sont neutres (*cor,* cœur ; *ador,* blé ; *æquor,* plaine ; *marmor,* marbre).

Noms neutres.

SINGULIER.

Nom.	Corpus,	*le Corps.*
Gén.	Corpor is,	*du Corps.*
Dat.	Corpor i,	*au Corps.*
Acc.	Corpus,	*le Corps.*
Voc.	o Corpus,	*ô Corps.*
Abl.	Corpor e,	*du Corps.*

PLURIEL.

Nom.	Corpor a,	*les Corps.*
Gén.	Corpor um,	*des Corps.*
Dat.	Corpor ibus,	*aux Corps.*
Acc.	Corpor a,	*les Corps.*
Voc.	o Corpor a,	*ô Corps.*
Abl.	Corpor ibus,	*des Corps.*

Ainsi se déclinent :

Tempus, oris,	*le Temps.*	Pecus, oris,	*le Troupeau.*
Nemus, oris,	*le Bois.*	Pectus, oris,	*la Poitrine.*

Vulnus, eris,	*la Blessure.*	Caput, itis,	*la Tête.*
Olus, eris,	*le Légume.*	Lumen, inis,	*la Lumière.*

13. SINGULIER.

Nom.	Av is (*f.*),	*l'Oiseau.*
Gén.	Av is,	*de l'Oiseau.*
Dat.	Av i,	*à l'Oiseau.*
Acc.	Av em,	*l'Oiseau.*
Voc.	o Av is,	*ô Oiseau.*
Abl.	Av e,	*de l'Oiseau.*

PLURIEL.

Nom.	Av es,	*les Oiseaux.*
Gén.	Av ium,	*des Oiseaux.*
Dat.	Av ibus,	*aux Oiseaux.*
Acc.	Av es,	*les Oiseaux.*
Voc.	o Av es,	*ô Oiseaux.*
Abl.	Av ibus,	*des Oiseaux.*

Ainsi se déclinent :

Orbis, is,	*le Globe.*	Mensis, is,	*le Mois.*
Collis, is,	*la Colline.*	Cædes, is,	*le Carnage.*

SINGULIER.

Nom.	Cubil e,	*le Lit.*
Gén.	Cubil is,	*du Lit.*
Dat.	Cubil i,	*au Lit.*
Acc.	Cubil e,	*le Lit.*
Voc.	o Cubil e,	*ô Lit.*
Abl.	Cubil i,	*du Lit.*

PLURIEL.

Nom.	Cubil ia,	*les Lits.*
Gén.	Cubil ium,	*des Lits.*
Dat.	Cubil ibus,	*aux Lits.*
Acc.	Cubil ia,	*les Lits.*
Voc.	o Cubil ia,	*ô Lits.*
Abl.	Cubil ibus,	*des Lits.*

Ainsi se déclinent :

Altare, is,	*l'Autel.*	Animal, alis,	*l'Animal.*

Mare, is,	*la Mer.*	Vectigal, alis,	*l'Impôt.*
Rete, is,	*le Filet.*	Pulvinar, aris,	*le Coussin.*
Monile, is,	*le Collier.*	Calcar, aris,	*l'Eperon.*

QUATRIÈME DÉCLINAISON.

14. La quatrième déclinaison a le génitif singulier en *ûs* ou en *u*, et le génitif pluriel en *uum*.

Cette déclinaison comprend des noms masculins et féminins en *us* et des neutres en *u*.

SINGULIER.

Nom.	Man us (*f.*),	*la Main.*
Gén.	Man ûs,	*de la Main.*
Dat.	Man ui,	*à la Main.*
Acc.	Man um,	*la Main.*
Voc.	o Man us,	*ô Main.*
Abl.	Man u,	*de la Main.*

PLURIEL.

Nom.	Man us,	*les Mains.*
Gén.	Man uum,	*des Mains.*
Dat.	Man ibus,	*aux Mains.*
Acc.	Man us,	*les Mains.*
Voc.	o Man us,	*ô Mains.*
Abl.	Man ibus,	*des Mains.*

Ainsi se déclinent :

Fructus, ûs, *m.*	*le Fruit.*	Vultus, ûs, *m.*	*le Visage.*
Exercitus, ûs,	*l'Armée.*	Currus, ûs,	*le Char.*

Noms neutres.

Les noms neutres de la quatrième déclinaison sont indéclinables au singulier, c'est-à-dire qu'ils ne changent point leur dernière syllabe ; mais ils se déclinent au pluriel.

SINGULIER.

Nom.	Corn u (*n.*),	*la Corne.*
Gén.	Corn u,	*de la Corne.*
Dat.	Corn u,	*à la Corne.*
Acc.	Corn u,	*la Corne.*
Voc.	o Corn u,	*ô Corne.*
Abl.	Corn u,	*de la Corne.*

PLURIEL.

Nom.	Corn ua,	*les Cornes.*
Gén.	Corn uum,	*des Cornes.*
Dat.	Corn ibus,	*aux Cornes.*
Acc.	Corn ua,	*les Cornes.*
Voc.	o Corn ua,	*ô Cornes.*
Abl.	Corn ibus,	*des Cornes.*

Ainsi se déclinent :

Genu, *le Genou.* Tonitru, *le Tonnerre.*

CINQUIÈME DÉCLINAISON.

15. La cinquième déclinaison a le génitif singulier en *ei*, et le génitif pluriel en *erum*.

Cette déclinaison ne comprend que des noms en *es*, qui sont tous féminins, excepté *dies*, jour, qui est masculin et féminin au singulier, mais masculin seulement au pluriel, et *meridies*, midi, qui est toujours masculin et sans pluriel.

SINGULIER.

Nom.	Di es (*m. f.*),	*le Jour.*
Gén.	Di ei,	*du Jour.*
Dat.	Di ei,	*au Jour.*
Acc.	Di em,	*le Jour.*
Voc.	o Di es,	*ô Jour.*
Abl.	Di e,	*du Jour.*

PLURIEL.

Nom.	Di es (*m.*),	*les Jours.*
Gén.	Di erum,	*des Jours.*
Dat.	Di ebus,	*aux Jours.*
Acc.	Di es,	*les Jours.*
Voc.	o Di es,	*ô Jours.*
Abl.	Di ebus,	*des Jours.*

Ainsi se déclinent :

Res, ei, *la Chose.* Facies, ei, *le Visage.*
Species, ei, *l'Apparence.* Spes, ei, *l'Espérance.*

Remarque. — Le *génitif*, le *datif* et l'*ablatif* pluriels ne sont pas usités, excepté dans les deux noms *dies* et *res*. Les autres noms ne peuvent donc avoir, au pluriel, que les cas en *es*.

16. TABLEAU GÉNÉRAL

Dans lequel on a mis sous un même coup d'œil toutes les déclinaisons.

SINGULIER.

	1.	2.	3.	4.	5.
N.	Rosa,	dominus,	labor,	manus,	dies.
G.	Rosæ,	domini,	laboris,	manûs,	diei.
D.	Rosæ,	domino,	labori,	manui,	diei.
A.	Rosam,	dominum,	laborem,	manum,	diem.
V.	o Rosa,	domine,	labor,	manus,	dies.
A.	Rosâ,	domino,	labore,	manu,	die.

PLURIEL.

N.	Rosæ,	domini,	labores,	manus,	dies.
G.	Rosarum,	dominorum,	laborum,	manuum,	dierum.
D.	Rosis,	dominis,	laboribus,	manibus,	diebus.
A.	Rosas,	dominos,	labores,	manus,	dies.
V.	o Rosæ,	domini,	labores,	manus,	dies.
A.	Rosis,	dominis,	laboribus,	manibus,	diebus.

CHAPITRE II.

DEUXIÈME ESPÈCE DE MOTS.

L'ADJECTIF.

17. L'adjectif est un mot qui sert à qualifier ou à déterminer les personnes et les choses.

De là deux sortes d'adjectifs : les adjectifs *qualificatifs* et les adjectifs *déterminatifs*.

Adjectifs qualificatifs.

18. Les adjectifs qualificatifs prennent le cas, le genre et le nombre des noms auxquels ils sont joints ; ils se déclinent donc comme les noms, et ils ont les trois genres : le masculin, le féminin et le neutre; les deux nombres : le singulier et le pluriel.

On les divise en deux classes, selon la déclinaison qu'ils suivent.

La première classe comprend les adjectifs qui suivent la première et la deuxième déclinaison, comme *bonus*, *bona*, *bonum ; niger, nigra, nigrum*. La terminaison en *us* ou en *er* est pour le masculin et se décline sur *dominus* ou *puer ;* la terminaison en *a* est pour le féminin et se décline sur *rosa;* la terminaison en *um* est pour le neutre et se décline sur *templum*.

La deuxième classe comprend les adjectifs qui suivent la troisième déclinaison.

PREMIÈRE CLASSE.

19. Adjectifs en US.

SINGULIER.

Nom.	*m.* Bon us,	*f.* bon a,	*n.* bon um.
	Bon,	*bonne,*	*bon.*

Gén.	Bon i,	bon æ,	bon i.
Dat.	Bon o,	bon æ,	bon o.
Acc.	Bon um,	bon am,	bon um.
Voc.	o Bon e,	o bon a,	o bon um.
Abl.	Bon o,	bon â,	bon o.

PLURIEL.

Nom.	*m.* Bon i, *Bons,*	*f.* bon æ, *bonnes,*	*n.* bon a. *bons.*
Gén.	Bon orum,	bon arum,	bon orum.
Dat.	Bon is,	bon is,	bon is.
Acc.	Bon os,	bon as,	bon a.
Voc.	o Bon i,	o bon æ,	o bon a.
Abl.	Bon is,	bon is,	bon is.

Ainsi se déclinent :

Sanctus, sancta, sanctum, *Saint*, *sainte*.
Doctus, docta, doctum, *Savant*, *savante*.
Magnus, magna, magnum, *Grand*, *grande*.
Parvus, parva, parvum, *Petit*, *petite*.

20. Adjectifs en ER.

SINGULIER.

Nom.	*m.* Niger, *Noir,*	*f.* nigr a, *noire,*	*n.* nigr um. *noir.*
Gén.	Nigr i,	nigr æ,	nigr i.
Dat.	Nigr o,	nigr æ,	nigr o.
Acc.	Nigr um,	nigr am,	nigr um.
Voc.	o Niger,	o nigr a,	o nigr um.
Abl.	Nigr o,	nigr â,	nigr o.

PLURIEL.

Nom.	Nigr i, *Noirs,*	nigr æ, *noires,*	nigr a. *noirs.*
Gén.	Nigr orum,	nigr arum,	nigr orum.
Dat.	Nigr is,	nigr is,	nigr is.
Acc.	Nigr os,	nigr as,	nigr a.
Voc.	o Nigr i,	o nigr æ,	o nigr a.
Abl.	Nigr is,	nigr is,	nigr is.

Ainsi se déclinent :

Pulcher, pulchra, pulchrum, *Beau*, *belle*.
Piger, pigra, pigrum, *Paresseux*, *paresseuse*.
Miser, misera, miserum, *Malheureux*, *malheureuse*.
Liber, libera, liberum, *Libre*, *libre*.

DEUXIÈME CLASSE.

21. Les adjectifs n'ont au singulier qu'une seule terminaison pour les trois genres, excepté à l'accusatif où ils en ont deux. Au pluriel, ils ont la même terminaison pour le masculin et le féminin, et les trois cas semblables du neutre sont en *ia*.

L'ablatif singulier est en *e* ou en *i* et le génitif pluriel en *ium*.

SINGULIER.

	m. f. n.
Nom.	Prudens, *Prudent*, *prudente*.
Gén.	Prudent is, } pour les trois genres.
Dat.	Prudent i, }
	m. f. *n.*
Acc.	Prudent em, prudens.
Voc.	Prudens, } pour les trois genres.
Abl.	Prudent e *ou* prudent i, }

PLURIEL.

	m. f. *n.*
Nom.	Prudent es, prudent ia, *Prudents*.
Gén.	Prudent ium, } pour les trois genres.
Dat.	Prudent ibus, }
Acc.	Prudent es, *n.* prudent ia.
Voc.	Prudent es, *n.* prudent ia.
Abl.	Prudent ibus, pour les trois genres.

Ainsi se déclinent :

Sapiens, tis, *Sage*.
Felix, cis, *Heureux*, *heureuse*, *heureux*.

Audax, cis, *Hardi, hardie, hardi.*
Velox, cis, *Prompt, prompte, prompt.*

22. Il y a des adjectifs de la deuxième classe qui ont au nominatif deux terminaisons : la première, *is*, pour le masculin et le féminin, se décline sur *avis ;* la seconde, *e*, sur *cubile.*

L'ablatif singulier est toujours en *i.*

SINGULIER.

	m. f. *n.*
Nom.	Fort is, fort e, *Courageux, courageuse.*
Gén.	Fort is, } pour les trois genres.
Dat.	Fort i, }
Acc.	Fort em, *n.* fort e.
Voc.	o Fort is, *n.* o fort e.
Abl.	Fort i (pour les trois genres).

PLURIEL.

	m. f. *n.*
Nom.	Fort es, fort ia, *Courageux.*
Gén.	Fort ium, } pour les trois genres.
Dat.	Fort ibus, }
Acc.	Fort es, fort ia.
Voc.	o Fort es, fort ia.
Abl.	Fort ibus (pour les trois genres).

Ainsi se déclinent :

Utilis, utile, *Utile.*	Facilis, e, *Facile.*
Comis, come, *Poli.*	Levis, leve, *Léger.*

REMARQUE. — Les adjectifs de la troisième déclinaison qui ont le nominatif neutre en *e*, font l'ablatif en *i*, afin que l'on puisse distinguer ces deux cas.

23. D'autres adjectifs de cette classe ont trois terminaisons au nominatif et au vocatif singulier : la première en *er*, pour le masculin ; la seconde en *is*, pour le féminin ; la troisième en *e*, pour le neutre ; partout ailleurs ils se déclinent comme *fortis.*

SINGULIER.

	m. *f.* *n.*
Nom.	Celeber, celebr is, celebr e, *Célèbre*, etc.

Gén.	Celebr is,	*pour les trois genres.*
Dat.	Celebr i,	
Acc.	Celebr em, *n.* celebr e.	
Voc.	o Celeber, o celebr is, *n.* celebr e.	
Abl.	Celebr i, *pour les trois genres.*	

PLURIEL.

	m. f. *n.*	
Nom.	Celebr es, celebr ia, *Célèbres*, etc.	
Gén.	Celebr ium,	*de tout genre.*
Dat.	Celebr ibus,	
Acc.	Celebr es, celebr ia.	
Voc.	o Celebr es, *n.* o celebr ia.	
Abl.	Celebr ibus, *pour les trois genres*	

Ainsi se déclinent :

1 Acer, acris, acre, *aigre, vif.*
2 Alacer, alacris, alacre, *gai, alerte.*
3 Celer, celeris, celere, *prompt.*

DEGRÉS DE SIGNIFICATION DANS LES ADJECTIFS.

24. On distingue dans les adjectifs trois degrés de signification : le *positif*, le *comparatif*, le *superlatif.*

Positif. — Le positif n'est autre chose que l'adjectif même.

Ex. : *Saint*, *savant;* sanctus, doctus.

Comparatif. — Le comparatif, c'est l'adjectif exprimé avec comparaison.

Ex. : *Plus saint, plus savant;* sanctior, doctior.

Superlatif. — Le superlatif exprime la qualité dans un très-haut degré ou dans le plus haut degré.

Ex. : *Très saint, le plus savant;* sanctissimus, doctissimus.

Formation du comparatif.

25. Le comparatif latin se forme du cas de l'adjectif terminé en *i*, auquel on ajoute *or* pour le masculin et le féminin et *us* pour le neutre.

Ainsi du génitif *sancti*, on formera *sanctior*, masculin et féminin, *sanctius*, neutre ; du datif *forti*, on formera *fortior*, masculin et féminin, *fortius*, neutre.

Sanctior se décline sur *labor*, et *sanctius* sur *corpus*.

Formation du superlatif.

26. Le superlatif latin se forme aussi du cas de l'adjectif terminé en *i* auquel on ajoute *ssimus, ssima, ssimum*.

Ainsi du génitif *sancti* on formera *sanctissimus*, *a*, *um* ; du datif *forti* on formera *fortissimus*, *a*, *um*.

Tous les superlatifs se déclinent sur *bonus*, *a*, *um*.

Adjectifs déterminatifs.

27. Les adjectifs déterminatifs sont ceux qui servent à préciser les diverses manières d'être des personnes et des choses.

Il y a en latin cinq sortes d'adjectifs déterminatifs : les adjectifs *numéraux*, les adjectifs *démonstratifs*, les adjectifs *possessifs*, les adjectifs *conjonctifs*, les adjectifs *indéfinis*.

ADJECTIFS NUMÉRAUX.

28. Les adjectifs numéraux sont ceux qui désignent le nombre ou le rang.

On en distingue donc de deux sortes : les adjectifs numéraux *cardinaux*, les adjectifs numéraux *ordinaux*.

I. Adjectifs numéraux cardinaux.

Les adjectifs numéraux *cardinaux* expriment le nombre, la quantité.

Les trois premiers se déclinent.

UNUS, un.

SINGULIER.

Nom.	Unus, una, unum, un, une, un.	
Gén.	Unius	*de tout genre.*
Dat.	Uni	

Acc.	Unum, unam, unum.
Voc.	Une, una, unum.
Abl.	Uno, una, uno.

REMARQUES. — I. *Unus* se décline sur *bonus, a, um*, excepté au génitif et au datif singulier où il fait *unius, uni*.

Sur *unus* se déclinent les adjectifs suivants, qui ont quelque analogie avec les noms de nombre.

1° *Ullus, ulla, ullum,* aucun, aucune, sans négation. *Gén.* ullius; *dat.* ulli; *acc.* ullum, ullam, ullum; *abl.* ullo, ullâ, ullo.

2° Nullus, nulla, nullum, *aucun, aucune,* avec négation, *pas un. Gén.* nullius, etc.

3° Solus, sola, solum, *seul, seul. Gén.* solius; *dat.* soli; *acc.* solum, solam, solum; *abl.* solo, solâ, solo.

4° Totus, tota, totum, *tout, toute. Gén.* totius; *dat.* toti, etc.

5° Alius, alia, aliud, *autre. Gén.* alius; *dat.* alii.

6° Alter, altera, alterum, *autre. Gén.* alterius; *dat.* alteri.

7° Uter, utra, utrum, *lequel des deux. Gén.* utrius; *dat.* utri.

8° Neuter, neutra, neutrum, *ni l'un ni l'autre. Gén.* neutrius; *dat.* neutri.

9° Uterque, utraque, utrumque, *l'un et l'autre. Gén.* utriusque; *dat.* utrique.

10° Alteruter, alterutra, alterutrum, *l'un ou l'autre. Gén.* alterutrius; *dat.* alterutri.

DUO, deux.

Nom.	Duo,	duæ,	duo,	*deux.*
Gén.	Duorum,	duarum,	duorum,	*de deux.*
Dat.	Duobus,	duabus,	duobus,	*à deux.*
Acc.	Duos *ou* duo,	duas,	duo,	*deux.*
Abl.	Duobus,	duabus,	duobus,	*de deux.*

Ainsi se déclinent *ambo, ambæ, ambo,* les deux, tous deux.

TRES, trois.

Nom.	Tres,	tres,	tria,	*trois.*
Gén.	Trium,	} *de tout genre.*		
Dat.	Tribus,			

Acc. Tres, tres, tria.
Abl. Tribus, *de tout genre.*

Les autres nombres cardinaux sont indéclinables, jusqu'à cent.

En voici le tableau :

		Tredecim,	13.	Triginta,	30.
Quatuor,	4.	Quatuordecim,	14.	Quadraginta,	40.
Quinque,	5.	Quindecim,	15.	Quinquaginta,	50.
Sex,	6.	Sexdecim,	16.	Sexaginta,	60.
Septem,	7.	Septemdecim,	17.	Septuaginta,	70.
Octo,	8.	Decem et octo,	18.	Octoginta,	80.
Novem,	9.	Decem et novem,	19.	Nonaginta,	90.
Decem,	10.	Viginti,	20.	Centum,	100.
Undecim,	11.	Unus et viginti,	21.		
Duodecim,	12.	Duo et viginti.	22.		

Depuis cent jusqu'à mille, les nombres cardinaux se déclinent sur *boni, æ, a.*

Ducenti, æ, a.	200.
Trecenti, æ, a.	300.
Quadringenti, æ, a.	400.
Quingenti, æ, a.	500.
Sexcenti, æ, a.	600.
Septingenti, æ, a.	700.
Octingenti, æ, a.	800.
Nongenti, æ, a.	900.

Mille, mille, est indéclinable. Le pluriel *millia* est un nom neutre qui se décline sur *tria*, et se multiplie par les nombres cardinaux.

Duo millia,	2,000.
Tria millia,	3,000.
Decem millia,	10,000.
Centum millia,	100,000.

II. Adjectifs numéraux ordinaux.

A l'exception des deux premiers, les nombres ordinaux

se forment des nombres cardinaux correspondants. Ils se déclinent sur *bonus, a, um.*

En voici le tableau.

		Decimus, a, um,	10^{e}		
Primus, a, um,	1er	Undecimus,	11^{e}		
Secundus,	2^{e}	Duodecimus,	12^{e}	Vicesimus, a, um,	20^{e}
Tertius,	3^{e}	Tertius decimus,	13^{e}	Tricesimus.	30^{e}
Quartus,	4^{e}	Quartus decimus,	14^{e}	Quadragesimus,	40^{e}
Quintus,	5^{e}	Quintus decimus,	15^{e}	Quinquagesimus,	50^{e}
Sextus,	6^{e}	Sextus decimus,	16^{e}	Sexagesimus,	60^{e}
Septimus,	7^{e}	Septimus decimus,	17^{e}	Septuagesimus,	70^{e}
Octavus,	8^{e}	Octavus decimus, Duodevicesimus,	18^{e}	Octagesimus,	80^{e}
Nonus,	9^{e}	Nonus decimus, Undevicesimus,	19^{e}	Nonagesimus,	90^{e}

De *centième* à *millième* la formation est régulière. Au-dessus de *millième,* on ajoute à *millesimus* les adverbes *bis,* deux fois; *ter,* trois fois, et ainsi de suite.

Centesimus, 100e.	Sexcentesimus, 600e.
Ducentesimus, 200e.	Septingentesimus, 700^{e}
Trecentesimus, 300e.	Octingentesimus, 800e.
Quadringentesimus, 400e.	Nongentesimus, 900e.
Quingentesimus, 500e.	Millesimus, 1000e.
Bis millesimus, 2000e.	Quinquies millesimus, 5000e.
Ter millesimus, 3000e.	Etc., etc.
Quater millesimus, 4000e.	

ADJECTIFS DÉMONSTRATIFS.

29. Les adjectifs démonstratifs sont ceux qui servent soit à indiquer la personne ou la chose dont on parle, soit à la rappeler à l'esprit.

SINGULIER.

	m. f. n.
Nom.	Is, ea, id, *ce, cet, cette.*
Gén.	Ejus.
Dat.	Ei.
Acc.	Eum, eam, id.
Abl.	Eo, eâ, eo.

PLURIEL.

Nom.	Ii, eæ, ea, *ces.*
Gén.	Eorum, earum, eorum.
Dat.	Iis *ou* eis.
Acc.	Eos, eas, ea.
Abl.	Iis *ou* eis.

AUTRE.

SINGULIER.

	m. f. n.
Nom.	Hic, hæc, hoc, *ce, cet, cette.*
Gén.	Hujus, } de tout genre.
Dat.	Huic, } de tout genre.
Acc.	Hunc, hanc, hoc.
Abl.	Hoc, hac, hoc.

PLURIEL.

Nom.	Hi, hæ, hæc, *ceux.*
Gén.	Horum, harum, horum.
Dat.	His, de tout genre.
Acc.	Hos, has, hæc.
Abl.	His, de tout genre.

AUTRE.

SINGULIER.

	m. f. n.
Nom.	Ille, illa, illud, *ce, cette, cet.*
Gén.	Illius, } de tout genre.
Dat.	Illi, } de tout genre.
Acc.	Illum, illam, illud.
Abl.	Illo, illa, illo.

PLURIEL.

Nom.	Illi, illæ, illa, *ces.*
Gén.	Illorum, illarum, illorum.
Dat.	Illis, de tout genre.
Acc.	Illos, illas, illa.
Abl.	Illis, de tout genre.

Ainsi se décline :

Ist e, a, ud, *celui-ci*, *celle-ci*, *ceci*.

AUTRE.

SINGULIER.

	m. *f.* *n.*	
Nom.	Ipse, ipsa, ipsum,	*même*, *lui-même*, *elle-même*.
Gén.	Ipsius,	de tout genre.
Dat.	Ipsi,	de tout genre.
Acc.	Ipsum, ipsam, ipsum.	
Abl.	Ipso, ipsâ, ipso.	

PLURIEL.

Nom.	Ipsi, ipsæ, ipsa,	*mêmes*, *elles-mêmes*, *eux-mêmes*.
Gén.	Ipsorum, ipsarum, ipsorum.	
Dat.	Ipsis, de tout genre.	
Acc.	Ipsos, ipsas, ipsa.	
Abl.	Ipsis, de tout genre.	

AUTRE.

SINGULIER.

Nom.	Idem, eadem, idem,	*le même*, *la même*.
Gén.	Ejusdem,	de tout genre.
Dat.	Eidem,	de tout genre.
Acc.	Eumdem, eamdem, idem.	
Abl.	Eodem, eàdem, eodem.	

PLURIEL.

Nom.	Iidem, eædem, eadem,	*les mêmes*.
Gén.	Eorumdem, earumdem, eorumdem.	
Dat.	Iisdem *ou* eisdem, de tout genre.	
Acc.	Eosdem, easdem, eadem.	
Abl.	Iisdem *ou* eisdem, de tout genre.	

Remarque. — Il ne faut pas confondre *idem* avec *ipse*. *Ipse rex* veut dire *le roi même, le roi en personne* ; *idem rex* signifie *le roi même*.

ADJECTIFS POSSESSIFS.

30. Les adjectifs *possessifs* sont ceux qui déterminent la possession de la personne ou de la chose dont on parle.

SINGULIER.

	m.	*f.*	*n.*
Nom.	Meus,	mea,	meum, *mon, ma, le mien, la mienne.*
Gén.	Mei,	meæ,	mei.
Dat.	Meo,	meæ,	meo.
Acc.	Meum,	meam,	meum.
Voc. o	Mi,	o mea,	o meum.
Abl.	Meo,	meâ,	meo.

PLURIEL.

Nom.	Mei, meæ, mea, *mes, les miens, les miennes.*
Gén.	Meorum, mearum, meorum.
Dat.	Meis, de tout genre.
Acc.	Meos, meas, mea.
Voc. o	Mei, o meæ, o mea.
Abl.	Meis, de tout genre.

Ainsi se déclinent :

Tuus, a, um, *ton, ta, le tien, la tienne.*
Suus, a, um, *son, sa, le sien, la sienne.*
Cujus, a, um, *à qui ?*

SINGULIER.

	m.	*f.*	*n.*
Nom.	Noster,	nostra,	nostrum, *notre, le nôtre, la nôtre.*
Gén.	Nostri,	nostræ,	nostri.
Dat.	Nostro,	nostræ,	nostro.
Acc.	Nostrum,	nostram,	nostrum.
Voc. o	Noster,	o nostra,	o nostrum.
Abl.	Nostro,	nostrâ,	nostro.

PLURIEL.

Nom.	Nostri, nostræ, nostra, *nos, les nôtres.*
Gén.	Nostrorum, nostrarum, nostrorum.

Dat. Nostris, de tout genre.
Acc. Nostros, nostras, nostra.
Voc. o Nostri, o nostræ, o nostra.
Abl. Nostris, de tout genre.

Déclinez de même : Vester, vestra, vestrum, *votre*, *le vôtre*, etc.

ADJECTIFS CONJONCTIFS.

31. Les adjectifs *conjonctifs* ou *relatifs* sont ceux qui ont rapport à un nom ou à un pronom qui les précède, et qu'on nomme pour cette raison *antécédent*.

SINGULIER.

	m.	*f.*	*n.*
Nom.	Qui,	quæ,	quod, *qui*, *lequel*, *laquelle*, *que*.
Gén.	Cujus,	de tout genre.	
Dat.	Cui,	de tout genre.	
Acc.	Quem,	quam,	quod.
Abl.	Quo,	quâ,	quo.

PLURIEL.

Nom.	Qui, quæ, quæ, *qui*, *lesquels*, *lesquelles*, *que*.
Gén.	Quorum, quarum, quorum.
Dat.	Quibus, de tout genre.
Acc.	Quos, quas, quæ.
Abl.	Quibus, de tout genre.

COMPOSÉS DE *qui*.

Dans les composés de *qui*, on décline seulement *qui*; les autres syllabes restent les mêmes.

	m.	*f.*	*n.*
Nom.	Quicunque,	quæcunque,	quodcunque, *quiconque*.

Gén. Cujuscunque. *Dat.* Cuicunque, *de tout genre*.

AUTRE.

	m.	*f.*	*n.*
Nom.	Quidam,	quædam,	quoddam *et* quiddam, *un certain*.

Gén. Cujusdam. *Dat.* Cuidam, *de tout genre*.

AUTRE.

m. *f.* *n.*

Nom. Quilibet, quælibet, quodlibet *et* quidlibet, *qui l'on voudra.*

Gén. Cujuslibet. *Dat.* Cuilibet.

Quivis, quævis, quodvis. *Gén.* Cujusvis. *Dat.* Cuivis. *Même signification.*

ADJECTIFS INTERROGATIFS.

Cet adjectif ne diffère de l'adjectif conjonctif que par le nominatif masculin *quis*, et par la double forme du neutre *quid* et *quod.*

SINGULIER.

Nom. Quis, quæ, quid? (*et* quod *avec un nom*), *qui*, *quel*, *quelle*, *quoi?*

Gén. Cujus? } de tout genre.
Dat. Cui? }

Acc. Quem, quam, quid? (*et* quod *avec un nom*).

Abl. Quo, quâ, quo?

PLURIEL.

Nom. Qui, quæ, quæ? *qui, quels, quelles.*

Gén. Quorum, quarum, quorum?

Dat. Quibus? de tout genre.

Acc. Quos, quas, quæ?

Abl. Quibus? de tout genre.

COMPOSÉS DE *quis.*

On décline seulement *quis;* les autres syllabes restent les mêmes.

Nom. Quisnam, quænam, quidnam? (*et* quodnam *avec un nom*), *quel, quelle, quelle chose?*

Gén. Cujusnam? — *Dat.* Cuinam? de tout genre, etc.

AUTRE.

Nom. Quispiam, quæpiam, quidpiam (*et* quodpiam *avec un nom*), *quelqu'un, quelqu'une, quelque chose.*

Gén. Cujuspiam. — *Dat.* Cuipiam, etc.

Déclinez de même :

1° Quisquam.

Nom. Quisquam, quæquam, quidquam (*et* quodquam *avec un nom*), *quelque, qui que ce soit.*

Gén. Cujusquam. — *Dat.* Cuiquam, de tout genre, etc.

2° Quisque.

Nom. Quisque, quæque, quidque (*et* quodque *avec un nom*), *chacun, chacune.*

Gén. Cujusque. — *Dat.* Cuique, de tout genre, etc.

3° Quisquis.

Nom. Quisquis (pas de féminin), quidquid *ou* quicquid, *qui que ce soit, tout ce qui* ou *tout ce que.*

Parmi les autres cas, il n'y a que les suivants :

Dat. sing. Cuicui. *Abl.* Quoquo. *Acc. plur.* Quosquos.

4° Aliquis et ecquis.

Dans ces deux composés, *quis* est à la fin, et le nominatif singulier féminin ainsi que les trois cas semblables du pluriel neutre sont en *a*.

Nom. Aliquis, aliqua, aliquid (*et* aliquod *avec un nom*), *quelque, quelqu'un, quelque chose.*

Gén. Alicujus. — *Dat.* Alicui.

Devant un nom de choses qui se comptent, on dit au pluriel *Aliquot* (indéclinable).

Nom. Ecquis, ecqua, ecquid? (*et* ecquod *avec un nom*), *y a-t-il quelqu'un qui?*

Gén. Eccujus? — *Dat.* Eccui?

5° Unusquisque.

Dans *Unusquisque*, chacun, on décline *Unus* et *quisque.*

Nom. Unusquisque, unaquæque, unumquodque.

Gén. Uniuscujusque.

Dat. Unicuique.

Acc. Unumquemque, unamquamque, unumquodque.
Abl. Unoquoque, unâquâque, unoquoque.

ADJECTIFS INDÉFINIS.

32. Les adjectifs indéfinis sont ceux qui modifient le nom d'une manière vague et générale.

La plupart de ces adjectifs se traduisent en latin par des mots qui nous sont déjà connus ; voici les principaux :

Chaque,	*quisque.*	L'un et l'autre,	*uterque.*
Plusieurs,	*plures.*	L'un ou l'autre,	*alter uter.*
Aucun,	*ullus.*	Quelque,	*aliquis.*
Pas un,	*nullus.*	Certain,	*quidam.*
L'un,	*unus.*	Quel qu'il soit,	*quicumque.*
L'autre,	*alter.*	Quelconque,	*quilibet, quivis.*

CHAPITRE III.

TROISIÈME ESPÈCE DE MOTS.

LE PRONOM.

33. Le *pronom* est un mot qui tient la place du nom.

Le pronom anime, pour ainsi dire, le discours et donne des rôles aux personnes et aux choses ; ces rôles s'appellent, en grammaire, *personnes* (1).

Il y a trois personnes : la première personne est celle qui parle, la deuxième est celle à qui l'on parle, la troisième est celle de qui l'on parle.

Les pronoms se divisent en pronoms *personnels* et en pronoms *démonstratifs*.

---

1) Du mot latin *persona*, qui veut dire masque de théâtre, et par suite rôle, acteur, personnage.

1. PRONOMS PERSONNELS.

Les pronoms *personnels* sont ceux qui représentent d'une manière distincte chacune des trois personnes.

Pronom de la première personne.

SINGULIER.

Nom.	Ego, *je* ou *moi.*
Gén.	Mei, *de moi.*
Dat.	Mihi, *à moi.*
Acc.	Me, *moi.*
	(Il n'a pas de Vocatif.)
Abl.	Me, *de moi.*

PLURIEL.

Nom.	Nos, *nous.*
Gén.	Nostrum *ou* nostri, *de nous.*
Dat.	Nobis, *à nous.*
Acc.	Nos, *nous.*
Abl.	Nobis, *de nous.*

Pronom de la deuxième personne.

SINGULIER.

Nom.	Tu, *tu* ou *toi.*
Gén.	Tui, *de toi.*
Dat.	Tibi, *à toi.*
Acc.	Te, *toi.*
Voc.	o Tu, *ô toi.*
Abl.	Te, *de toi.*

PLURIEL.

Nom.	Vos, *vous.*
Gén.	Vestrum *ou* vestri, *de vous.*
Dat.	Vobis, *à vous.*
Acc.	Vos, *vous.*
Voc.	o Vos, *ô vous.*
Abl.	Vobis, *de vous.*

REMARQUE. — Souvent, en français, la politesse veut

qu'on emploie *vous*, même en parlant à une seule personne; en latin on dit toujours *tu*.

Pronom de la troisième personne.

Le pronom français de la troisième personne se rend en latin par l'un des adjectifs démonstratifs *is, ea, id; hic, hæc, hoc; ille, illa, illud.*

Pronom réfléchi.

34. Il n'a pas de Nominatif ni de Vocatif; il est de tout genre, et le même au pluriel qu'au singulier.

SINGULIER ET PLURIEL.

Gén.	Sui, *de soi, de lui-même, d'eux-mêmes,* ou *d'elles-mêmes.*
Dat.	Sibi, *à soi, à lui-même, à eux-mêmes, à elles-mêmes.*
Acc.	Se, *se, soi, lui-même, eux-mêmes, elles-mêmes.*
Abl.	Se, *de soi, d'eux-mêmes, d'elles-mêmes.*

II. PRONOMS DÉMONSTRATIFS.

35. Les pronoms *démonstratifs* sont ceux qui servent à montrer, à désigner les personnes et les choses dont on parle.

Les pronoms démonstratifs *celui-ci, celle-ci, ceci,* etc., s'expriment en latin par l'adjectif démonstratif *hic, hæc, hoc;* celui-là, celle-là, cela, etc., par *ille, illa, illud.*

CHAPITRE IV.

QUATRIÈME ESPÈCE DE MOTS.

LE VERBE.

36. On a vu jusqu'ici que le nom désigne les personnes et les choses, et que l'adjectif sert à les qualifier : *Rome belle;*

mais ces deux mots ne suffisent pas pour exprimer une pensée complète.

Si l'on juge que la qualité de *belle* convient à Rome, il faut recourir à un troisième mot, et dire : Rome *est* belle. Ce troisième mot, c'est le *verbe*.

La personne ou la chose qui est l'objet du jugement s'appelle *sujet*.

La qualité que l'on juge convenir au sujet se nomme *attribut*.

Le *verbe* est le mot par lequel on affirme que l'attribut convient au sujet.

La réunion de ces trois termes : *sujet*, *verbe*, *attribut*, forme une *proposition*.

Verbe substantif.

37. Il n'existe, à proprement parler, qu'un seul verbe, c'est le verbe *être*. On le nomme *verbe substantif*. Ce verbe exprime simplement l'existence; il est toujours séparé de l'attribut.

Verbes attributifs.

38. Les autres verbes, au contraire, renferment en eux-mêmes et le *verbe être* et l'*attribut;* on les appelle, pour cette raison, *verbes attributifs*.

Ainsi, quand on dit : Le soleil *brille*, le mot *brille* équivaut à *est brillant;* Paul *joue*, le mot *joue* équivaut à *est jouant*.

Tout verbe attributif exprime l'état ou l'action du sujet.

Tous les verbes, excepté *être*, sont attributifs.

39. Il y a quatre choses à considérer dans les verbes : les *nombres*, les *personnes*, les *temps* et les *modes*.

Nombres.

40. La langue latine a *deux nombres* pour les verbes comme pour les noms : le *singulier*, quand il s'agit d'une seule personne ou d'une seule chose : *Puer dormit*, l'enfant dort; le pluriel, quand il s'agit de plusieurs personnes ou de plusieurs choses : *Pueri dormiunt*, les enfants dorment.

Personnes.

41. Il y a *trois personnes* dans les verbes, et ces personnes sont indiquées par les noms ou les pronoms.

Je, nous, marquent la *première* personne, c'est-à-dire celle qui parle.

Tu, vous, marquent la *seconde* personne, c'est-à-dire celle à qui l'on parle.

Il, elle, ou un nom au singulier ; *ils, elles*, ou un nom au pluriel, marquent la *troisième* personne, c'est-à-dire celle dont on parle.

Temps.

42. Les *temps* sont les différentes formes que prend le verbe pour exprimer à quelle partie de la durée se rapporte l'état ou l'action dont on parle.

On distingue dans la durée trois temps principaux :

Le *présent*, qui marque que la chose *est* ou *se fait* au moment de la parole, comme *je lis ;*

Le *passé*, qui marque que la chose *a été faite,* comme *j'ai lu ;*

Le *futur*, qui marque que la chose *sera* ou *se fera*, comme *je lirai.*

On distingue en latin trois sortes de passés : l'*imparfait*, je lisais, le *parfait*, j'ai lu, le *plus-que-parfait*, j'avais lu.

On distingue deux futurs : le *futur simple*, j'écrirai, et le *futur antérieur*, j'aurai écrit.

Modes.

43. Les *modes* sont les différentes manières d'envisager l'état ou l'action exprimé par le verbe.

Il y a cinq modes en latin : l'*indicatif*, l'*impératif*, le *subjonctif*, le *participe*, l'*infinitif*.

I. L'INDICATIF *indique* que la chose est, ou qu'elle a été, ou qu'elle sera : *je lis, je lirai, j'ai lu.*

II. L'IMPÉRATIF *commande* de faire la chose : *venez* ici.

III. Le SUBJONCTIF marque que la chose, état ou action, est *dépendante* d'une autre : je veux *qu'il sorte.*

IV. Le PARTICIPE exprime l'état ou l'action d'une manière

générale, en l'*attribuant* aux personnes et aux choses : *aimant; aimé.*

V. L'INFINITIF exprime l'état ou l'action d'une manière vague et *indéfinie,* sans nombre ni personne : *être, lire.*

A l'infinitif se rattachent deux autres formes, le *gérondif* et le *supin,* qui le suppléent dans certains cas, et qui peuvent être considérés comme des noms tirés du verbe.

Conjugaison.

44. On appelle *conjugaison* l'ensemble des formes que prend le verbe pour exprimer toutes les nuances de nombres, de personnes, de temps, de modes.

Tous les verbes latins sont divisés en quatre groupes, dont chacun offre un modèle de conjugaison pour tous les verbes qui rentrent dans ce groupe.

Il y a donc quatre espèces de conjugaisons, que l'on distingue par les terminaisons du présent de l'infinitif et la deuxième personne sing. du présent de l'indicatif.

La première fait à l'infinitif *are,* et à la deuxième personne du présent de l'indicatif, *as.*

La seconde conjugaison fait à l'infinitif *ere,* et à la deuxième personne du présent de l'indicatif, *es.*

La troisième conjugaison fait à l'infinitif *ere,* et à la deuxième personne du présent de l'indicatif, *is.*

La quatrième conjugaison fait à l'infinitif *ire,* et à la deuxième personne du présent de l'indicatif, *is.*

On appelle verbes *réguliers* ceux dont la formation est entièrement conforme à la conjugaison qui leur est propre.

Des différentes sortes de verbes.

45. On distingue en latin cinq sortes de verbes : les verbes *actifs* ou *transitifs,* les verbes *passifs,* les verbes *neutres* ou *intransitifs,* les verbes *déponents,* les verbes *unipersonnels.*

Avant de donner les quatre modèles de conjugaison des verbes réguliers, il est à propos de commencer par la conjugaison du verbe substantif *sum,* qui fournit des terminaisons aux autres verbes et en facilite l'étude.

INDICATIF.			IMPÉRATIF.	
	PRÉSENT.			
S.	Sum,	*je suis.*	Point de première personne.	
	Es,	*tu es.*	Es *ou* esto,	*sois.*
	Est,	*il est.*	Esto (ille),	*qu'il soit.*
Pl.	Sumus,	*nous sommes.*	Simus,	*soyons.*
	Estis,	*vous êtes.*	Este *ou* estote,	*soyez.*
	Sunt,	*ils sont.*	Sunto,	*qu'ils soient.*
	IMPARFAIT.			
S.	Er am,	*j'étais.*		
	Er as,	*tu étais.*		
	Er at,	*il était.*	. . . .	
Pl.	Er amus,	*nous étions.*		
	Er atis,	*vous étiez.*		
	Er ant,	*ils étaient.*		
	PARFAIT.			
S.	Fu i,	*j'ai été, je fus.*		
	Fu isti,	*tu as été.*		
	Fu it,	*il a été.*	. . . .	
Pl.	Fu imus,	*nous avons été.*		
	Fu istis,	*vous avez été.*		
	Fu erunt *ou* fuere,	*ils ont été.*		
	PLUS-QUE-PARFAIT.			
S.	Fu eram,	*j'avais été.*		
	Fu eras,	*tu avais été.*		
	Fu erat,	*il avait été.*	. . . .	
Pl.	Fu eramus,	*nous avions été.*		
	Fu eratis,	*vous aviez été.*		
	Fu erant,	*ils avaient été.*		
	FUTUR.			
S.	Er o,	*je serai.*		
	Er is,	*tu seras.*		
	Er it,	*il sera.*	. . . .	
Pl.	Er imus,	*nous serons.*		
	Er itis,	*vous serez.*		
	Er unt,	*ils seront.*		
	FUTUR ANTÉRIEUR.			
S.	Fu ero,	*j'aurai été.*		
	Fu eris,	*tu auras été.*		
	Fu erit,	*il aura été.*	. . . .	
Pl.	Fu erimus,	*nous aurons été.*		
	Fu eritis,	*vous aurez été.*		
	Fu erint,	*ils auront été.*		

SUBJONCTIF.			INFINITIF.	PARTICIPE.
Sim, (1). Sis, Sit, Simus, Sitis, Sint,	Il faut	*que je sois.* *que tu sois.* *qu'il soit.* *que nous soyons.* *que vous soyez.* *qu'ils soient.*	Esse, *être.*	Pas de participe présent.
Essem *ou* forem, Esses *ou* fores, Esset *ou* foret, Essemus, Essetis, Essent *ou* forent	Il fallait	*que je fusse.* *que tu fusses.* *qu'il fût.* *que nous fussions.* *que vous fussiez.* *qu'ils fussent.*		
Fu erim, Fu eris, Fu erit, Fu erimus, Fu eritis, Fu erint,	Il a fallu	*que j'aie été.* *que tu aies été.* *qu'il ait été.* *que nous ayons été.* *que vous ayez été.* *qu'ils aient été.*	Fuisse, *avoir été.*	Pas de participe passé.
Fu issem, Fu isses, Fu isset, Fu issemus, Fu issetis, Fu issent,	Il avait fallu	*que j'eusse été.* *que tu eusses été.* *qu'il eût été.* *que nous eussions été.* *que vous eussiez été.* *qu'ils eussent été.*		
. . . .			(Indéclinable.) Fore ou futurum (am, um) esse, *devoir être.*	Futurum, a, um, *devant être.*
. . . .			Futurum (am, um) fuisse, *avoir dû être.* Pas de gérondif.	Pas de supin.

[1] Comme le subjonctif dépend toujours d'un verbe exprimé ou sous-entendu, nous ons cru utile de présenter ce mode sous une forme qui en fit comprendre tout abord la nature et l'emploi.

INDICATIF.			IMPÉRATIF.
	PRÉSENT.		Point de première personne.
S.	Am o,	*j'aime.*	Am a *ou* am ato, *aime.*
	Am as,	*tu aimes.*	Am ato (ille), *qu'il aime.*
	Am at,	*il aime.*	Am emus, *aimons.*
Pl.	Am amus,	*nous aimons.*	Am ate *ou* amatote, *aimez.*
	Am atis,	*vous aimez.*	Am anto, *qu'ils aiment.*
	Am ant,	*ils aiment.*	
	IMPARFAIT.		
S.	Am abam,	*j'aimais.*	
	Am abas,	*tu aimais.*	
	Am abat,	*il aimait.*	. . . .
Pl.	Am abamus,	*nous aimions.*	
	Am abatis,	*vous aimiez.*	
	Am abant,	*ils aimaient.*	
	PARFAIT.		
S.	Am avi,	*j'ai aimé, j'aimai.*	
	Am avisti,	*tu as aimé.*	
	Am avit,	*il a aimé.*	
Pl.	Am avimus,	*nous avons aimé.*	. . . .
	Am avistis,	*vous avez aimé.*	
	Am averunt, *ou* am avere,	*ils ont aimé.*	
	PLUS-QUE-PARFAIT.		
S.	Am averam,	*j'avais aimé.*	
	Am averas,	*tu avais aimé.*	
	Am averat,	*il avait aimé.*	
Pl.	Am averamus,	*nous avions aimé.*	. . . .
	Am averatis,	*vous aviez aimé.*	
	Am averant,	*ils avaient aimé.*	
	FUTUR.		
S.	Am abo,	*j'aimerai.*	
	Am abis,	*tu aimeras.*	
	Am abit,	*il aimera.*	. . . .
Pl.	Am abimus,	*nous aimerons.*	
	Am abitis,	*vous aimerez.*	
	Am abunt,	*ils aimeront.*	
	FUTUR ANTÉRIEUR.		
S.	Am avero,	*j'aurai aimé.*	
	Am averis,	*tu auras aimé.*	
	Am averit,	*il aura aimé.*	. . . .
Pl.	Am averimus,	*nous aurons aimé.*	
	Am averitis,	*vous aurez aimé.*	
	Am averint,	*ils auront aimé.*	

Ainsi se conjuguent : *Laudare, laudo, laudavi, laudatum*, louer ; — *Vituperare, vitupero, vituperavi, vituperatum*, blâmer.

SUBJONCTIF.			INFINITIF.	PARTICIPE.
Am em, Am es, Am et, Am emus, Am etis, Am ent,	Il faut	*que j'aime.* *que tu aimes.* *qu'il aime.* *que nous aimions.* *que vous aimiez.* *qu'ils aiment.*	Am are, *aimer.*	Am ans, *aimant.*
Am arem, Am ares, Am aret, Am aremus, Am aretis, Am arent,	Il fallait	*que j'aimasse,* *que tu aimasses.* *qu'il aimât.* *que nous aimassions.* *que vous aimassiez.* *qu'ils aimassent.*		
Am averim, Am averis, Am averit, Am averimus, Am averitis, Am averint,	Il a fallu	*que j'aie aimé.* *que tu aies aimé.* *qu'il ait aimé.* *que nous ayons aimé.* *que vous ayez aimé.* *qu'ils aient aimé.*	Am avisse, *avoir aimé.*	**Pas de participe passé.**
Am avissem, Am avisses, Am avisset, Am avissemus, Am avissetis, Am avissent,	Il avait fallu	*que j'eusse aimé.* *que tu eusses aimé.* *qu'il eût aimé.* *que nous eussions aimé* *que vous eussiez aimé.* *qu'ils eussent aimé.*		
. . . .			Am aturum (am, um) esse, *devoir aimer.*	Am aturus, a, um, *devant aimer*
. . . .			Am aturum (am, um) fuisse, *avoir dû aimer.* GÉRONDIF. Am andi, *d'aimer.* Am ando, *à aimer.* (Ad) am andum, *à* ou *pour aimer.*	SUPIN. Am atum, *aimer.*

ısi se conjuguent : *Verberare, verbero, verberavi, verberatum*, frapper ; — *Vocare, voco, vocavi, vocatum*, appeler, etc.

INDICATIF.		IMPÉRATIF.	
PRÉSENT.			
S. Mon eo,	*j'avertis.*	**Point de première personne.**	
Mon es,	*tu avertis.*	Mon e *ou* moneto,	*avertis.*
Mon et,	*il avertit.*	Mon eto (ille),	*qu'il avertisse.*
Pl. Mon emus,	*nous avertissons.*	Mon eamus,	*avertissons.*
Mon etis,	*vous avertissez.*	Monete *ou* monetote,	*avertissez.*
Mon ent,	*ils avertissent.*	Mon ento,	*qu'ils avertissent.*
IMPARFAIT.			
S. Mon ebam,	*j'avertissais.*		
Mon ebas,	*tu avertissais.*		
Mon ebat,	*il avertissait.*	....	
Pl. Mon ebamus,	*nous avertissions.*		
Mon ebatis,	*vous avertissiez.*		
Mon ebant,	*ils avertissaient.*		
PARFAIT.			
S. Mon ui,	*j'ai averti, j'avertis.*		
Mon uisti,	*tu as averti.*		
Mon uit,	*il a averti.*	....	
Pl. Mon uimus,	*nous avons averti.*		
Mon uistis,	*vous avez averti.*		
Mon uerunt, *ou* mon uere,	*ils ont averti.*		
PLUS-QUE-PARFAIT.			
S. Mon ueram,	*j'avais averti.*		
Mon ueras,	*tu avais averti.*		
Mon uerat,	*il avait averti.*	....	
Pl. Mon ueramus,	*nous avions averti.*		
Mon ueratis,	*vous aviez averti.*		
Mon uerant,	*ils avaient averti.*		
FUTUR.			
S. Mon ebo,	*j'avertirai.*		
Mon ebis,	*tu avertiras.*		
Mon ebit,	*il avertira.*	....	
Pl. Mon ebimus,	*nous avertirons.*		
Mon ebitis,	*vous avertirez.*		
Mon ebunt,	*ils avertiront.*		
FUTUR ANTÉRIEUR.			
S. Mon uero,	*j'aurai averti.*		
Mon ueris,	*tu auras averti.*		
Mon uerit,	*il aura averti.*	....	
Pl. Mon uerimus,	*nous aurons averti.*		
Mon ueritis,	*vous aurez averti.*		
Mon uerint,	*ils auront averti.*		

Ainsi se conjuguent : *Docere, doceo, docui, doctum,* instruire. — *Terrere, terreo, terrui, territum,* épouvanter.

SUBJONCTIF.		INFINITIF.	PARTICIPE.
Mon eam, Mon eas, Mon eat, Mon eamus, Mon eatis, Mon eant,	Il faut *que j'avertisse.* *que tu avertisses.* *qu'il avertisse.* *que nous avertissions.* *que vous avertissiez.* *qu'ils avertissent.*	Mon ere, *avertir.*	Mon ens, *avertissant.*
Mon erem, Mon eres, Mon eret, Mon eremus, Mon eretis, Mon erent,	Il fallait *que j'avertisse.* *que tu avertisses.* *qu'il avertît.* *que nous avertissions.* *que vous avertissiez.* *qu'ils avertissent.*		
Mon uerim, Mon ueris, Mon uerit, Mon uerimus, Mon ueritis, Mon uerint,	Il a fallu *que j'aie averti.* *que tu aies averti.* *qu'il ait averti.* *que nous ayons averti.* *que vous ayez averti.* *qu'ils aient averti.*	Mon uisse, *avoir averti.*	Pas de participe passé.
Mon uissem, Mon uisses, Mon uisset, Mon uissemus, Mon uissetis, Mon uissent,	Il avait fallu *que j'eusse averti.* *que tu eusses averti.* *qu'il eût averti.* *que nous eussions averti* *que vous eussiez averti.* *qu'ils eussent averti.*		
. . . .		Mon iturum (am, um) esse, *devoir avertir.*	Moniturus, a, um, *devant avertir.*
. . . .		**Mon iturum** (am, um) fuisse, ***avoir dû avertir.*** GÉRONDIF. **Mon endi, *d'avertir*** **Mon endo, *à avertir*** **(Ad)** mon endum, *à* ou ***pour avertir.***	SUPIN. Mon itum, *avertir.*

…insi se conjuguent : *Tenere, teneo, tenui, tentum,* tenir. — *Implere, impleo, implevi, impletum,* emplir.

INDICATIF.	IMPÉRATIF.
PRÉSENT. S. Leg o, *je lis.* Leg is, *tu lis.* Leg it, *il lit.* *Pl.* Leg imus, *nous lisons.* Leg itis, *vous lisez.* Leg unt, *ils lisent.*	Point de première personne. Leg e *ou* leg ito, *lis.* Leg ito (ille), *qu'il lise.* Leg amus, *lisons.* Leg ite *ou* leg itote, *lisez.* Leg unto, *qu'ils lisent.*
IMPARFAIT. S. Leg ebam, *je lisais.* Leg ebas, *tu lisais.* Leg ebat, *il lisait.* *Pl.* Leg ebamus, *nous lisions.* Leg ebatis, *vous lisiez.* Leg ebant, *ils lisaient.*	. . . .
PARFAIT. S. Leg i, *j'ai lu, je lus.* Leg isti, *tu as lu.* Leg it, *il a lu.* *Pl.* Leg imus, *nous avons lu.* Leg istis, *vous avez lu.* Leg erunt *ou* leg ere, *ils ont lu.*	. . . .
PLUS-QUE-PARFAIT. S. Leg eram, *j'avais lu.* Leg eras, *tu avais lu.* Leg erat, *il avait lu.* *Pl.* Leg eramus, *nous avions lu.* Leg eratis, *vous aviez lu.* Leg erant, *ils avaient lu.*	. . . .
FUTUR. S. Leg am, *je lirai.* Leg es, *tu liras.* Leg et, *il lira.* *Pl.* Leg emus, *nous lirons.* Leg etis, *vous lirez.* Leg ent, *ils liront.*	. . . .
FUTUR ANTÉRIEUR. S. Leg ero, *j'aurai lu.* Leg eris, *tu auras lu.* Leg erit, *il aura lu.* *Pl.* Leg erimus, *nous aurons lu.* Leg eritis, *vous aurez lu.* Leg erint, *ils auront lu.*	. . . .

Ainsi se conjuguent : *Vincere, vinco, vici, victum*, vaincre ; — *Occidere, occido, occidi, occisum*, tuer.

SUBJONCTIF.	INFINITIF.	PARTICIPE.
Il faut Leg am, *que je lise.* Leg as, *que tu lises.* Leg at, *qu'il lise.* Leg amus, *que nous lisions.* Leg atis, *que vous lisiez.* Leg ant, *qu'ils lisent.*	Leg ere, *lire.*	Leg ens, *lisant.*
Il fallait Leg erem, *que je lusse.* Leg eres, *que tu lusses.* Leg eret, *qu'il lût.* Leg eremus, *que nous lussions.* Leg eretis, *que vous lussiez.* Leg erent, *qu'ils lussent.*		
Il a fallu Leg erim, *que j'aie lu.* Leg eris, *que tu aies lu.* Leg erit, *qu'il ait lu.* Leg erimus, *que nous ayons lu.* Leg eritis, *que vous ayez lu.* Leg erint, *qu'ils aient lu.*	Leg isse, *avoir lu.*	Pas de participe passé.
Il avait fallu Leg issem, *que j'eusse lu.* Leg isses, *que tu eusses lu.* Leg isset, *qu'il eût lu.* Leg issemus, *que nous eussions lu.* Leg issetis, *que vous eussiez lu.* Leg issent, *qu'ils eussent lu.*		
. . . .	Lecturum(am,um) esse, *devoir lire.*	Lec turus, a, um, *devant lire.*
. . . .	Lec turum (am,um) fuisse, *avoir dû lire.* GÉRONDIF. Leg endi, *de lire.* Leg endo, *à lire.* (Ad) leg endum, *à ou pour lire.*	SUPIN. Lec tum, *lire.*

se conjuguent : *Scribere, scribo, scripsi, scriptum*, écrire ; — *Cognoscere, cognosco, cognovi, cognitum*, connaître, etc.

INDICATIF.	IMPÉRATIF.
PRÉSENT.	
S. Aud io, *j'entends.*	Point de première personne.
Aud is, *tu entends.*	Aud i *ou* aud ito, *entends.*
Aud it, *il entend.*	Aud ito (ille), *qu'il entende.*
Pl. Aud imus, *nous entendons.*	Aud iamus, *entendons.*
Aud itis, *vous entendez.*	Aud ite *ou* aud itote, *entendez.*
Aud iunt, *ils entendent.*	Aud iunto, *qu'ils entendent.*
IMPARFAIT.	
S. Aud iebam, *j'entendais.*	
Aud iebas, *tu entendais.*	
Aud iebat, *il entendait.*	. . . .
Pl. Aud iebamus, *nous entendions.*	
Aud iebatis, *vous entendiez.*	
Aud iebant, *ils entendaient.*	
PARFAIT.	
S. Aud ivi, *j'ai* } *entendu.*	
Aud ivisti, *tu as*	
Aud ivit, *il a*	. . . .
Pl. Aud ivimus, *nous avons*	
Aud ivistis, *vous avez*	
Aud iverunt *ou* aud ivere, *ils ont*	
PLUS-QUE-PARFAIT.	
S. Aud iveram, *j'avais* } *entendu.*	
Aud iveras, *tu avais*	
Aud iverat, *il avait*	. . . .
Pl. Aud iveramus, *nous avions*	
Aud iveratis, *vous aviez*	
Aud iverant, *ils avaient*	
FUTUR.	
S. Aud iam, *j'entendrai.*	
Aud ies, *tu entendras.*	
Aud iet, *il entendra.*	. . . .
Pl. Aud iemus, *nous entendrons.*	
Aud ietis, *vous entendrez.*	
Aud ient, *ils entendront.*	
FUTUR ANTÉRIEUR.	
S. Aud ivero, *j'aurai* } *entendu.*	
Aud iveris, *tu auras*	
Aud iverit, *il aura*	. . . .
Pl. Aud iverimus, *nous aurons*	
Aud iveritis, *vous aurez*	
Aud iverint, *ils auront*	

Ainsi se conjuguent : *Aperire, aperio, aperui, apertum,* ouvrir; — *Munire, munio, munivi, munitum,* fortifier.

SUBJONCTIF.			INFINITIF.	PARTICIPE.
Aud iam, Aud ias, Aud iat, Aud iamus, Aud iatis, Aud iant,	Il faut	*que j'entende.* *que tu entendes.* *qu'il entende.* *que nous entendions.* *que vous entendiez.* *qu'ils entendent.*	Au dire, *entendre.*	Aud iens, *entendant.*
Aud irem, Aud ires, Aud iret,[1] Aud iremus, Aud iretis, Aud irent,	Il fallait	*que j'entendisse.* *que tu entendisses.* *qu'il entendît.* *que nous entendissions.* *que vous entendissiez.* *qu'ils entendissent.*		
Aud iverim, Aud iveris, Aud iverit, Aud iverimus, Aud iveritis, Aud iverint,	Il a fallu	*que j'aie* *que tu aies* *qu'il ait* *que nous ayons* *que vous ayez* *qu'ils aient* — *entendu.*	Aud ivisse, *avoir entendu.*	Pas de participe passé.
Aud ivissem, Aud ivisses, Aud ivisset, Aud ivissemus, Aud ivissetis, Aud ivissent,	Il avait fallu	*que j'eusse* *que tu eusses* *qu'il eût* *que nous eussions* *que vous eussiez* *qu'ils eussent* — *entendu.*		
....			Aud iturum (am, um) esse, *devoir entendre.*	Aud iturus, a, um, *devant entendre.*
....			**Aud iturum (am, um) fuisse, *avoir dû entendre.*** GÉRONDIF. **Aud iendi, *d'entendre*** **Aud iendo, *à entendre*** **(Ad) aud iendum, *à ou pour entendre***	SUPIN. Aud itum, *entendre.*

nsi se conjuguent : *Sepelire, sepelio, sepelivi, sepultum,* ensevelir; — *Punire, punio, punivi, punitum,* punir, etc.

51. 3e Conjugaison active (mixte)

INDICATIF.		IMPÉRATIF.
PRÉSENT.		
S. Accip io,	*je reçois.*	Point de première personne.
Accip is,	*tu reçois.*	Accip e *ou* accip ito, *reçois.*
Accip it,	*il reçoit.*	Accip ito (ille), *qu'il reçoive.*
Pl. Accip imus,	*nous recevons.*	Accip iamus, *recevons.*
Accip itis,	*vous recevez.*	Accip ite *ou* accip itote, *recevez.*
Accip iunt,	*ils reçoivent.*	Accip iunto, *qu'ils reçoivent.*
IMPARFAIT.		
S. Accip iebam,	*je recevais.*	
Accip iebas,	*tu recevais.*	
Accip iebat,	*il recevait.*	. . . .
Pl. Accip iebamus,	*nous recevions.*	
Accip iebatis,	*vous receviez.*	
Accip iebant,	*ils recevaient.*	
PARFAIT.		
S. Accep i,	*j'ai reçu, je reçus.*	
Accep isti,	*tu as reçu.*	
Accep it,	*il a reçu.*	. . . .
Pl. Accep imus,	*nous avons reçu.*	
Accep istis,	*vous avez reçu.*	
Accep erunt, *ou* accep ere,	*ils ont reçu.*	
PLUS-QUE-PARFAIT.		
S. Accep eram,	*j'avais reçu.*	
Accep eras,	*tu avais reçu.*	
Accep erat,	*il avait reçu.*	. . . .
Pl. Accep eramus,	*nous avions reçu.*	
Accep eratis,	*vous aviez reçu.*	
Accep erant,	*ils avaient reçu.*	
FUTUR.		
S. Accip iam,	*je recevrai.*	
Accip ies,	*tu recevras.*	
Accip iet,	*il recevra.*	. . . .
Pl. Accip iemus,	*nous recevrons.*	
Accip ietis,	*vous recevrez.*	
Accip ient,	*ils recevront.*	
FUTUR ANTÉRIEUR.		
S. Accep ero,	*j'aurai reçu.*	
Accep eris,	*tu auras reçu.*	
Accep erit,	*il aura reçu.*	. . . .
Pl. Accep erimus,	*nous aurons reçu.*	
Accep eritis,	*vous aurez reçu.*	
Accep erint,	*ils auront reçu.*	

Ainsi se conjuguent : *Facere, facio, feci, factum,* faire ; — *Fugere, fugio, fugi, fugitum,* fuir.

SUBJONCTIF.		INFINITIF.	PARTICIPE.
Accip iam, Accip ias, Accip iat, Accip iamus, Accip iatis, Accip iant,	Il faut *que je reçoive.* *que tu reçoives.* *qu'il reçoive.* *que nous recevions.* *que vous receviez.* *qu'ils reçoivent.*	Accip ere, *recevoir.*	Accip iens, *recevant.*
Accip erem, Accip eres, Accip eret, Accip eremus, Accip eretis, Accip erent,	Il fallait *que je reçusse.* *que tu reçusses.* *qu'il reçût.* *que nous reçussions.* *que vous reçussiez.* *qu'ils reçussent.*		
Accep erim, Accep eris, Accep erit, Accep erimus, Accep eritis, Accep erint,	Il a fallu *que j'aie reçu.* *que tu aies reçu.* *qu'il ait reçu.* *que nous ayons reçu.* *que vous ayez reçu.* *qu'ils aient reçu.*	Accep isse, *avoir reçu.*	Pas de participe passé.
Accep issem, Accep isses, Accep isset, Accep issemus, Accep issetis, Accep issent,	Il avait fallu *que j'eusse reçu.* *que tu eusses reçu.* *qu'il eût reçu.* *que nous eussions reçu.* *que vous eussiez reçu.* *qu'ils eussent reçu.*		
. . . .		Accep turum (am, um) esse, *devoir recevoir.*	Accep turus, a, um, *devant recevoir.*
. . . .		Accep turum (am, um) fuisse, ***avoir dû recevoir.*** GÉRONDIF. **Accip iendi, *de recevoir.*** **Accip iendo, *à recevoir.*** **(Ad) accip iendum, *à* ou *pour recevoir.***	SUPIN. Accep tum, *recevoir.*

ısi se conjuguent : A*spicere, aspicio, aspexi, aspectum*, regarder; — *Jacere, jacio, jeci, jactum*, jeter, etc.

52. TABLEAU GÉNÉRAL

Dans lequel on a mis, sous un même coup d'œil, les quatre conjugaisons.

INDICATIF.	1.	2.	3.	4.
Présent.	Am o, as,	mon eo, es,	leg o, is,	aud io, is.
Imparfait.	Am abam, abas,	mon ebam, ebas,	leg ebam, ebas,	aud iebam, iebas.
Parfait.	Am avi, avisti,	mon ui, uisti,	leg i, isti,	aud ivi, ivisti.
Plus-que-parf.	Am averam, averas,	mon ueram, ueras,	leg eram, eras,	aud iveram, iveras.
Futur.	Am abo, abis,	mon ebo, ebis,	leg am, es,	aud iam, ies.
Futur antér.	Am avero, averis,	mon uero, ueris,	leg ero, eris,	aud ivero, iveris.
IMPÉRATIF.	Am a, ato,	mon e, eto,	leg e, ito,	aud i, ito.
SUBJONCTIF.				
Présent.	Am em, es,	mon eam, eas,	leg am, as,	aud iam, ias.
Imparfait.	Am arem, ares,	mon erem, eres,	leg erem, eres,	aud irem, ires.
Parfait.	Am averim, averis;	mon uerim, ueris,	leg erim, eris,	aud iverim, iveris.
Plus-que-parf.	Am avissem, es,	mon uissem, uisses,	leg issem, isses,	aud ivissem, ivisses.
INFINITIF.	Am are, avisse,	mon ere, uisse,	leg ere, isse,	aud ire, ivisse.

Verbes actifs.

53. Le verbe *actif* est celui qui exprime une action faite par le sujet et qui peut avoir un complément direct.

Ainsi *amo*, j'aime, est un verbe actif, parce qu'il peut avoir un complément direct : *amo Deum*, j'aime Dieu.

FORMATION DES TEMPS.

54. Les temps des verbes se divisent en temps *primitifs* et en temps *dérivés*.

Les temps *primitifs* sont ceux qui servent à former les autres temps, c'est-à-dire les temps dérivés.

Les temps *dérivés* sont donc ceux qui sont formés des temps primitifs.

Il y a en latin quatre temps primitifs, savoir : le *présent de l'infinitif*, le *présent de l'indicatif*, le *parfait*, le *supin*.

Du PRÉSENT DE L'INFINITIF on forme deux temps :

1° L'*impératif* en retranchant la dernière syllabe *re* : *ama re, ama; mone re, mone; lege re, lege; audi re, audi* (1).

2° L'*imparfait du subjonctif* en ajoutant *m* à l'infinitif : *amare, amarem; monere, monerem; legere, legerem; audire, audirem.*

Du PRÉSENT DE L'INDICATIF on forme cinq temps :

1° L'*imparfait de l'indicatif*, en changeant *o* en *abam* dans la première conjugaison : *am o, am abam*; en *bam* dans la deuxième : *mone o, mone bam*; en *ebam* dans la troisième et la quatrième : *leg o, leg ebam; audi o, audi ebam.*

2° Le *futur de l'indicatif*, en changeant *o* en *abo* dans la première conjugaison : *am o, am abo;* en *bo* dans la deuxième : *mone o, mone bo;* en *am* dans la troisième et la quatrième : *leg o, leg am; audi o, audi am.*

3° Le *présent du subjonctif*, en changeant *o* en *em* dans la première conjugaison : *am o, am em;* en *am* dans les trois autres : *mone o, mone am ; leg o, leg am ; audi o, audi am.*

4° Le *participe présent*, en changeant *o* en *ans* dans la première conjugaison : *am o, am ans; eo* en *ens* dans la deuxième : *mon eo, mon ens; o* en *ens* dans la troisième et la quatrième : *leg o, leg ens; audi o, audi ens.*

5° Le *gérondif*, en changeant *o* en *andi* dans la première conjugaison : *am o, am andi; eo* en *endi* dans la deuxième : *mon eo, mon endi; o* en *endi* dans la troisième et la quatrième : *leg o, leg endi; audi o, audi endi.*

Du PARFAIT DE L'INDICATIF on forme cinq temps :

1° Le plus-que-parfait de l'indicatif, en changeant *i* en *eram : amav i, amav eram; monu i, monu eram; leg i, leg eram; audiv i, audiv eram.*

2° Le *futur antérieur*, en changeant *i* en *ero : amav i, amav ero; monu i, monu ero; leg i, leg ero; audiv i, audiv ero.*

3° Le *parfait du subjonctif*, en changeant *i* en *erim : amav i, amav erim ; monu i, monu erim; leg i, leg erim ; audiv i, audiv erim.*

4° Le *plus-que-parfait du subjonctif*, en changeant *i* en *issem : amav i, amav issem ; monu i, monu issem; leg i, leg issem ; audiv i, audiv issem.*

5° Le *parfait de l'infinitif*, en changeant *i* en *isse : amav i, amav isse; monu i, monu isse; leg i, leg isse ; audiv i, audiv isse.*

Du SUPIN on forme deux temps :

1° Le *participe futur*, en changeant *um* en *urus, a, um : amat um, amat urus; monit um, monit urus; lect um, lect urus; audit um, audit urus.*

2° Le *futur de l'infinitif*, en changeant *um* en *urum : amat um, amat urum; monit um, monit urum; lect um, lect urum; audit um, audit urum.* Ce futur n'est autre chose que l'accusatif du participe futur auquel on ajoute *esse* ou *fuisse.*

Verbes passifs.

55. On appelle verbe *passif* celui qui exprime une action soufferte, reçue par le sujet.

Ex. : La souris est mangée par le chat.

L'action d'être mangée est *soufferte* par la souris ; *est mangée* est un verbe passif.

Tout verbe actif a un passif.

Les temps des verbes passifs se divisent en temps *simples* et en temps *composés*.

Les temps *simples* sont ceux qui ne sont formés que d'un seul mot, comme *am or*, je suis aimé ; *am abar*, j'étais aimé.

Les temps *composés* sont ceux qui se forment du participe passé et de l'un des temps du verbe *esse*, qui devient alors auxiliaire comme *être* en français : *amatus sum*, j'ai été aimé ; *amatus eram*, j'avais été aimé.

Pour conjuguer un verbe passif, il suffit donc de connaître deux radicaux de l'actif : 1° le radical du *présent*, avec lequel on forme tous les temps simples en y ajoutant les terminaisons propres au passif ; 2° le *supin*, dont on forme le participe passé en changeant *tum* en *tus, ta, tum*.

INDICATIF.	IMPÉRATIF.
PRÉSENT.	
S. Am or, *je suis aimé.*	Point de première personne.
Am aris *ou* ama re, *tu es aimé.*	Am are *ou* am ator, *sois aimé.*
Am atur, *il est aimé.*	Am ator (ille), *qu'il soit aimé.*
Pl. Am amur, *nous sommes aimés.*	Am emur, *soyons aimés.*
Am amini, *vous êtes aimés.*	Am amini, *soyez aimés.*
Am antur, *ils sont aimés.*	Am antor, *qu'ils soient aimés.*
IMPARFAIT.	
S. Am abar, *j'étais aimé.*	
Am abaris, am abare, *tu étais aimé.*	
Am abatur, *il était aimé.*	. . . .
Pl. Am abamur, *nous étions aimés.*	
Am abamini, *vous étiez aimés.*	
Am abantur, *ils étaient aimés.*	
PARFAIT.	
S. Amatus sum *ou* fui, *j'ai été, je fus aimé.*	
Amatus es *ou* fuisti, *tu as été aimé.*	
Amatus est *ou* fuit, *il a été aimé.*	. . . .
Pl. Amati sumus, *nous avons été aimés.*	
Amati estis, *vous avez été aimés.*	
Amati sunt, *ils ont été aimés.*	
PLUS-QUE-PARFAIT.	
S. Amatus eram *ou* fueram, *j'avais été aimé.*	
Amatus eras, *tu avais été aimé.*	
Amatus erat, *il avait été aimé.*	. . . .
Pl. Amati eramus, *nous avions été aimés.*	
Amati eratis, *vous aviez été aimés.*	
Amati erant, *ils avaient été aimés.*	
FUTUR.	
S. Am abor, *je serai aimé.*	
Am aberis *ou* am abere, *tu seras aimé.*	
Am abitur, *il sera aimé.*	. . . .
Pl. Am abimur, *nous serons aimés.*	
Am abimini, *vous serez aimés.*	
Am abuntur, *ils seront aimés.*	
FUTUR ANTÉRIEUR.	
S. Amatus ero *ou* fuero, *j'aurai été aimé.*	
Amatus eris, *tu auras été aimé.*	
Amatus erit, *il aura été aimé.*	. . . .
Pl. Amati erimus, *nous aurons été aimés*	
Amati eritis, *vous aurez été aimés.*	
Amati erunt, *ils auront été aimés.*	

Ainsi se conjuguent : *Laudari, laudor, laudatus sum*, je suis loué; — *Vituperari, vituperor, vituperatus sum*, je suis blâmé.

SUBJONCTIF.			INFINITIF.	PARTICIPE.
Am er, Am eris *ou* amere, Am etur, Am emur, Am emini, Am entur,	Il faut	*que je sois aimé.* *que tu sois aimé.* *qu'il soit aimé.* *que nous soyons aimés.* *que vous soyez aimés.* *qu'ils soient aimés.*	Am ari, *être aimé.*	Pas de participe présent.
Am arer, Am areris *ou* [amarere, Am aretur, Am aremur, Am aremini, Am arentur,	Il fallait	*que je fusse* *que tu fusses* *qu'il fût* } *aimé.* *que nous fussions* *que vous fussiez* *qu'ils fussent* } *aimés.*		
Amatus sim *ou* [fuerim, Amatus sis, Amatus sit, Amati simus, Amati sitis, Amati sint,	Il a fallu	*que j'aie été aimé.* *que tu aies été aimé.* *qu'il ait été aimé.* *que nous ayons été* *que vous ayez été* *qu'ils aient été* } *aimés.*	Am atum (am, um) esse, *avoir été aimé.*	Am atus, a, um, *aimé, ayant été aimé.*
Amatus essem [*ou* fuissem, Amatus esses, Amatus esset, Amati essemus, Amati essetis, Amati essent,	Il avait fallu	*que j'eusse été* *que tu eusses été* *qu'il eût été* } *aimé.* *q. nous euss. été* *que vous euss. été* *qu'ils eussent été* } *aimés.*		
. . . .			Am atum iri, *devoir être aimé.*	Am andus, a, um, *devant être aimé, qu'il faut aimer.*
. . . .				**SUPIN.** Am atu, *à être aimé.*

ısi se conjuguent : *Verberari, verberor, verberatus sum*, je suis frappé; — *Vocari, vocor, vocatus sum*, je suis appelé, etc.

INDICATIF.		IMPÉRATIF.
PRÉSENT.		Point de première personne.
S. Mon eor,	*je suis averti.*	
Mon eris,	*tu es averti.*	Mon ere *ou* mon etor, *sois averti.*
Mon etur,	*il est averti.*	Mon etor (ille), *qu'il soit averti.*
Pl. Mon emur,	*nous sommes avertis.*	Mon eamur, *soyons avertis.*
Mon emini,	*vous êtes avertis.*	Mon emini, *soyez avertis.*
Mon entur,	*ils sont avertis.*	Mon entor, *qu'ils soient avertis.*
IMPARFAIT.		
S. Mon ebar,	*j'étais averti.*	
Mon ebaris,	*tu étais averti.*	
Mon ebatur,	*il était averti.*	. . . .
Pl. Mon ebamur,	*nous étions avertis.*	
Mon ebamini,	*vous étiez avertis.*	
Mon ebantur,	*ils étaient avertis.*	
PARFAIT.[1]		
S. Monitus sum,	*j'ai été averti.*	
Monitus es,	*tu as été averti.*	
Monitus est,	*il a été averti.*	. . . .
Pl. Moniti sumus,	*nous avons été* } *avertis.*	
Moniti estis,	*vous avez été*	
Moniti sunt,	*ils ont été*	
PLUS-QUE-PARFAIT.		
S. Monitus eram,	*j'avais été* } *averti.*	
Monitus eras,	*tu avais été*	
Monitus erat,	*il avait été*	. . . .
Pl. Moniti eramus,	*nous avions été* } *avertis.*	
Moniti eratis,	*vous aviez été*	
Moniti erant,	*ils avaient été*	
FUTUR.		
S. Mon ebor,	*je serai averti.*	
Mon eberis,	*tu seras averti.*	
Mon ebitur,	*il sera averti.*	. . . .
Pl. Mon ebimur,	*nous serons avertis.*	
Mon ebimini,	*vous serez avertis.*	
Mon ebuntur,	*ils seront avertis.*	
FUTUR ANTÉRIEUR.		
S. Monitus ero,	*j'aurai été* } *averti.*	
Monitus eris,	*tu auras été*	
Monitus erit,	*il aura été*	. . . .
Pl. Moniti eritis,	*nous aurons été* } *avertis.*	
Moniti erimus,	*vous aurez été*	
Moniti erunt,	*ils auront été*	

Ainsi se conjuguent : *Doceri, doceor, doctus sum*, je suis instruit ; — *Terrei*, *terreor, territus sum*, je suis épouvanté.

SUBJONCTIF.		INFINITIF.	PARTICIPE.
Mon ear, Mon earis, Mon eatur, Mon eamur, Mon eamini, Mon eantur,	Il faut *que je sois averti.* *que tu sois averti.* *qu'il soit averti.* *que nous soyons avertis* *que vous soyez avertis.* *qu'ils soient avertis.*	Mon eri, *être averti.*	Pas de participe présent.
Mon erer, Mon ereris, Mon eretur, Mon eremur, Mon eremini, Mon erentur,	Il fallait *que je fusse* *que tu fusses* *qu'il fût* } *averti.* *que nous fussions* *que vous fussiez* *qu'ils fussent* } *avertis.*		
Monitus sim, Monitus sis, Monitus sit, Moniti simus, Moniti sitis, Moniti sint,	Il a fallu *que j'aie été averti.* *que tu aies été averti.* *qu'il ait été averti.* *que nous ayons été* *que vous ayez été* *qu'ils aient été* } *avertis.*	Mon itum (am, um) esse, *avoir été averti.*	Monitus, a, um, *averti, ayant été averti.*
Monitus essem, Monitus esses, Monitus esset, Moniti essemus, Moniti essetis, Moniti essent,	Il avait fallu *que j'eusse été* *que tu eusses été* *qu'il eût été* } *averti.* *q. nous euss. été* *q. vous eussiez été* *qu'ils eussent été* } *avertis.*		
. . . .		Mon itum iri, *devoir être averti.*	Monendus a, um, *devant être averti, qu'il faut avertir.*
. . . .			SUPIN. Mon itu, *à être averti.*

insi se conjuguent : *Retineri, retineor, retentus sum,* je suis retenu ; — *Impleri, impleor, impletus sum,* je suis empli, etc.

INDICATIF.			IMPÉRATIF.	
PRÉSENT.			Point de première personne.	
S.	Leg or,	*je suis lu.*	Leg ere *ou* leg itor,	*sois lu.*
	Leg eris,	*tu es lu.*	Leg itor (ille),	*qu'il soit lu.*
	Leg itur,	*il est lu.*	Leg amur,	*soyons lus.*
Pl.	Leg imur,	*nous sommes lus.*	Leg imini,	*soyez lus.*
	Leg imini,	*vous êtes lus.*	Leg untor,	*qu'ils soient lus*
	Leg untur,	*ils sont lus.*		
IMPARFAIT.				
S.	Leg ebar,	*j'étais lu.*		
	Leg ebaris ,	*tu étais lu.*		
	Leg ebatur,	*il était lu.*	....	
Pl.	Leg ebamur,	*nous étions lus.*		
	Leg ebamini,	*vous étiez lus.*		
	Leg ebantur,	*ils étaient lus.*		
PARFAIT.				
S.	Lectus sum,	*j'ai été, je fus lu.*		
	Lectus es,	*tu as été lu.*		
	Lectus est,	*il a été lu.*	....	
Pl.	Lecti sumus,	*nous avons été lus.*		
	Lecti estis,	*vous avez été lus.*		
	Lecti sunt,	*ils ont été lus.*		
PLUS-QUE-PARFAIT.				
S.	Lectus eram,	*j'avais été lu.*		
	Lectus eras,	*tu avais été lu.*		
	Lectus erat,	*il avait été lu.*	....	
Pl.	Lecti eramus,	*nous avions été lus.*		
	Lecti eratis,	*vous aviez été lus.*		
	Lecti erant,	*ils avaient été lus.*		
FUTUR.				
S.	Leg ar,	*je serai lu.*		
	Leg ero,	*tu seras lu.*		
	Leg etur,	*il sera lu.*	....	
Pl.	Leg emur,	*nous serons lus.*		
	Leg emini,	*vous serez lus.*		
	Leg entur,	*ils seront lus.*		
FUTUR ANTÉRIEUR.				
S.	Lectus ero,	*j'aurai été lu.*		
	Lectus eris,	*tu auras été lu.*		
	Lectus erit,	*il aura été lu.*	....	
Pl.	Lecti erimus,	*nous aurons été lus.*		
	Lecti eritis,	*vous aurez été lus.*		
	Lecti erunt,	*ils auront été lus.*		

Ainsi se conjuguent : *Vinci, vincor, victus sum,* je suis vaincu; — *Scribi, scribor, scriptus sum,* je suis écrit.

SUBJONCTIF.			INFINITIF.	PARTICIPE.
Leg ar, Leg aris, Leg atur, Leg amur, Leg amini, Leg antur,	Il faut	*que je sois lu.* *que tu sois lu.* *qu'il soit lu.* *que nous soyons lus.* *que vous soyez lus.* *qu'ils soient lus.*	Leg i, *être lu.*	Pas de participe présent.
Leg erer, Leg ereris, Leg eretur, Leg eremur, Leg eremini, Leg erentur,	Il fallait	*que je fusse lu.* *que tu fusses lu.* *qu'il fût lu.* *que nous fussions lus.* *que vous fussiez lus.* *qu'ils fussent lus.*		
Lectus sim, Lectus sis, Lectus sit, Lecti simus, Lecti sitis, Lecti sint,	Il a fallu	*que j'aie été lu.* *que tu aies été lu.* *qu'il ait été lu.* *que nous ayons été lus.* *que vous ayez été lus.* *qu'ils aient été lus.*	Lec tum (am, um) esse, *avoir été lu.*	Lec tus, a, um, *lu, ayant été lu.*
Lectus essem, Lectus esses, Lectus esset, Lecti essemus, Lecti essetis, Lecti essent,	Il avait fallu	*que j'eusse été lu.* *que tu eusses été lu.* *qu'il eût été lu.* *que nous euss. été lus* *que vous eussiez été lus* *qu'ils eussent été lus.*		
. . . .			Lec tum iri, *devoir être lu.*	Leg endus, a, um, *devant être lu, qu'il faut lire.*
. . . .				SUPIN. Lec tu, *à être lu.*

Ainsi se conjuguent : *Occidi, occidor, occisus sum,* je suis tué ; — *Cognosci, cognoscor, cognitus sum,* je suis connu, etc.

INDICATIF.	IMPÉRATIF.
PRÉSENT. *S.* Aud ior, *je suis entendu.* Aud iris, *tu es entendu.* Aud itur, *il est entendu.* *Pl.* Aud imur, *nous sommes entendus* Aud imini, *vous êtes entendus.* Aud iuntur, *ils sont entendus.*	**Point de première personne.** S. Aud ire *ou* aud itor, *sois* Aud itor (ille), *qu'il soit* } *entendu. entendu.* *Pl.* Aud iamur, *soyons* Aud imini, *soyez* Aud iuntor, *qu'ils soient* } *entendus.*
IMPARFAIT. *S.* Aud iebar, *j'étais* Aud iebaris, *tu étais* Aud iebatur, *il était* } *entendu.* *Pl.* Aud iebamur, *nous étions entendus* Aud iebamini, *vous étiez entendus.* Aud iebantur, *ils étaient entendus.*	. . . .
PARFAIT. *S.* Auditus sum, *j'ai été entendu.* Auditus es, *tu as été entendu.* Auditus est, *il a été entendu.* *Pl.* Auditi sumus, *nous avons été* Auditi estis, *vous avez été* Auditi sunt, *ils ont été* } *entendus.*	. . . .
PLUS-QUE-PARFAIT. *S.* Auditus eram, *j'avais été* Auditus eras, *tu avais été* Auditus erat, *il avait été* } *entendu.* *Pl.* Auditi eramus, *nous avions été* Auditi eratis, *vous aviez été* Auditi erant, *ils avaient été* } *entendus.*	. . . .
FUTUR. *S.* Aud iar, *je serai entendu.* Aud ieris, *tu seras entendu.* Aud ietur, *il sera entendu.* *Pl.* Aud iemur, *nous serons entendus* Aud iemini, *vous serez entendus.* Aud ientur, *ils seront entendus.*	. . . .
FUTUR ANTÉRIEUR. *S.* Auditus ero, *j'aurai été* Auditus eris, *tu auras été* Auditus erit, *il aura été* } *entendu.* *Pl.* Auditi erimus, *nous aurons été* Auditi eritis, *vous aurez été* Auditi erunt, *ils auront été* } *entendus.*	. . . .

Ainsi se conjuguent : *Aperiri, aperior, apertus sum,* je suis ouvert ; — *Muniri, munior, munitus sum,* je suis fortifié.

SUBJONCTIF.			INFINITIF.	PARTICIPE
Aud iar, Aud iaris, Aud iatur, Aud iamur, Aud iamini, Aud. iantur,	Il faut	*que je sois entendu.* *que tu sois entendu.* *qu'il soit entendu.* *que nous soyons entendus.* *que vous soyez entendus.* *qu'ils soient entendus.*	Aud iri, *être entendu.*	Pas de participe présent.
Aud irer, Aud ireris, Aud iretur, Aud iremur, Aud iremini, Aud irentur,	Il fallait	*que je fusse entendu.* *que tu fusses entendu.* *qu'il fût entendu.* *que nous fussions entendus.* *que vous fussiez entendus.* *qu'ils fussent entendus.*		
Aud itus sim, Aud itus sis, Aud itus sit, Aud iti simus, Aud iti sitis, Aud iti sint,	Il a fallu	*que j'aie été entendu.* *que tu aies été entendu.* *qu'il ait été entendu.* *que nous ayons été entendus.* *que vous ayez été entendus.* *qu'ils aient été entendus.*	Aud itum (am, um) esse, *avoir été entendu.*	Aud itus, a, um, *entendu, ayant été entendu.*
Aud itus essem, Aud itus essem, Aud itus esset, Aud iti essemus, Aud iti essetis, Aud iti essent,	Il avait fallu	*que j'eusse été entendu.* *que tu eusses été entendu.* *qu'il eût été entendu.* *que nous euss. été entendus.* *que vous euss. été entendus.* *qu'ils eussent été entendus.*		
....			Aud itum iri, *devoir être entendu.*	Aud iendus, a, um, *devant être entendu, qu'il faut entendre.*
....				SUPIN. Aud itu, *à être entendu.*

nsi se conjuguent : *Sepeliri, sepelior, sepultus sum*, je suis enseveli; — *Puniri, punior, punitus sum*, je suis puni, etc.

INDICATIF.		IMPÉRATIF.	
PRÉSENT.		Point de première personne.	
S. Accip ior,	*je suis reçu.*	Accip ere *ou* accip itor,	*sois reçu.*
Accip eris,	*tu es reçu.*	Accip itor (ille),	*qu'il soit reçu.*
Pl. Accip imur,	*nous sommes reçus.*	Accip iamur,	*soyons reçus.*
Accip imini,	*vous êtes reçus.*	Accip imini,	*soyez reçus.*
Accip iuntur,	*ils sont reçus.*	Accip iuntor,	*qu'ils soient reçus.*
IMPARFAIT.			
S. Accip iebar,	*j'étais reçu.*		
Accip iebaris,	*tu étais reçu.*		
Accip iebatur,	*il était reçu.*	. . . .	
Pl. Accip iebamur,	*nous étions reçus.*		
Accip iebamini,	*vous étiez reçus.*		
Accip iebantur,	*ils étaient reçus.*		
PARFAIT.			
S. Acceptus sum,	*j'ai été reçu.*		
Acceptus es,	*tu as été reçu.*		
Acceptus est,	*il a été reçu.*	. . . .	
Pl. Accepti sumus,	*nous avons été reçus.*		
Accepti estis,	*vous avez été reçus.*		
Accepti sunt,	*ils ont été reçus.*		
PLUS-QUE-PARFAIT.			
S. Acceptus eram,	*j'avais été reçu.*		
Acceptus eras,	*tu avais été reçu.*		
Acceptus erat,	*il avait été reçu.*	. . . .	
Pl. Accepti eramus,	*nous avions été reçus*		
Accepti eratis,	*vous aviez été reçus.*		
Accepti erant,	*ils avaient été reçus.*		
FUTUR.			
S. Accip iar,	*je serai reçu.*		
Accip ieris,	*tu seras reçu.*		
Accip ietur,	*il sera reçu.*	. . . .	
Pl. Accip iemur,	*nous serons reçus.*		
Accip iemini,	*vous serez reçus.*		
Accip ientur,	*ils seront reçus.*		
FUTUR ANTÉRIEUR.			
S. Acceptus ero,	*j'aurai été reçu.*		
Acceptus eris,	*tu auras été reçu.*		
Acceptus erit,	*il aura été reçu.*	. . . .	
Pl. Accepti erimus,	*nous aurons été reçus*		
Accepti eritis,	*vous aurez été reçus.*		
Accepti erunt,	*ils auront été reçus.*		

Ainsi se conjuguent : *Rapi, rapior, raptus sum,* je suis ravi ; — *Capi, capior, captus sum,* e suis pris.

SUBJONCTIF.			INFINITIF.	PARTICIPE.
Accip iar, Accip iaris, Accip iatur, Accip iamur, Accip iamini, Accip iantur,	Il faut	*que je sois reçu.* *que tu sois reçu.* *qu'il soit reçu.* *que nous soyons reçus.* *que vous soyez reçus.* *qu'ils soient reçus.*	Accipi, *être reçu.*	Pas de participe présent.
Accip erer, Accip ereris, Accip eretur, Accip eremur, Accip eremini, Accip erentur,	Il fallait	*que je fusse reçu.* *que tu fusses reçu.* *qu'il fût reçu.* *que nous fussions reçus.* *que vous fussiez reçus.* *qu'ils fussent reçus.*		
Acceptus sim, Acceptus sis, Acceptus sit, Accepti simus, Accepti sitis, Accepti sint,	Il a fallu	*que j'aie été reçu.* *que tu aies été reçu.* *qu'il ait été reçu.* *que nous ayons été reçus.* *que vous ayez été reçus.* *qu'ils aient été reçus.*	Accep tum(am, um) esse, *avoir été reçu.*	Accep tus, a, um, *reçu, ayant été reçu.*
Acceptus essem, Acceptus esses, Acceptus esset, Accepti essemus, Accepti essetis, Accepti essent,	Il avait fallu	*que j'eusse été reçu.* *que tu eusses été reçu.* *qu'il eût été reçu.* *q. nous eussions été reçus.* *que vous eussiez été reçus.* *qu'ils eussent été reçus.*		
. . . .				Accip iendus, a, um, *devant être reçu, qu'il faut recevoir.*
. . . .			Accep tum iri, *devoir être entendu.*	SUPIN. Accept u, *à être reçu.*

Ainsi se conjuguent : *Recipi, recipior, receptus sum,* je suis repris; — *Adspici, adspicior, adspectus sum,* je suis regardé, etc.

61. TABLEAU GÉNÉRAL

Dans lequel on a mis, sous un même coup d'œil, les quatre conjugaisons passives.

	1.	2.	3.	4.
INDICATIF.				
Présent.	Am or, aris,	mon eor, eris,	leg or, eris,	aud ior, iris.
Imparfait.	Am abar, abaris,	mon ebar, ebaris,	leg ebar, ebaris,	aud iebar, iebaris.
Parfait.	Am atus sum *ou* fui,	mon itus sum,	lec tus sum,	aud itus sum.
Plus-que-parf.	Am atus eram *ou* [fueram,	mon itus eram,	lec tus eram,	aud itus eram.
Futur.	Am abor, aberis,	mon ebor, eberis,	leg ar, eris,	aud iar, ieris.
Futur antérieur.	Am atus ero *ou* fuero	mon itus ero,	lec tus ero,	aud itus ero.
IMPÉRATIF.	Am are, ator,	mon ere, etor,	leg ere, itor,	aud ire, itor.
SUBJONCTIF.				
Présent.	Am er, eris,	mon ear, earis,	leg ar, aris,	aud iar, iaris.
Imparfait.	Am arer, areris,	mon erer, ereris,	leg erer, ereris,	aud irer, ireris.
Parfait.	Am atus sim *ou* fue- [rim,	mon itus sim,	lec tus sim,	aud itus sim.
Plus-que-parf.	Am atus essem *ou* [fuissem,	mon itus essem,	lec tus essem,	aud itus essem.
INFINITIF.	Am ari,	mon eri,	legi,	aud iri.

FORMATION DES TEMPS DU PASSIF.

62. Temps simples.

Les temps simples du passif se forment des mêmes temps de l'actif en ajoutant *r* à ceux qui sont terminés en *o*, et en changeant *m* en *r* à ceux qui sont terminés en *m*.

Amo, amor;	*amabo, amabor;*
Amabam, amabar;	*amem, amer.*

II. Temps composés.

Les temps *composés* ne sont autre chose que le participe passé du verbe que l'on conjugue joint à l'auxiliaire *esse*.

63. Verbes neutres ou intransitifs.

On appelle verbe *neutre* ou *intransitif* celui qui, par lui-même et sans pouvoir prendre de complément direct, exprime l'état ou l'action du sujet :

Ex. : *L'arbre languit.*
L'enfant joue.

En latin les verbes neutres se conjuguent comme les verbes actifs, mais ils n'ont pas de passifs.

Il y a des verbes neutres de chacune des quatre conjugaisons.

Verbes déponents.

64. Il y a, en latin, un assez grand nombre de verbes qui, avec la terminaison passive en *or*, ont la signification active ou neutre; on les appelle *déponents*.

Les verbes déponents se conjuguent comme les verbes passifs; seulement, ils ont, de plus que les verbes passifs, certaines formes qui appartiennent à la conjugaison active; tels sont : 1° les gérondifs; 2° le participe présent en *ans* ou en *ens*; 3° le participe futur en *urus, a, um;* 4° le supin en *um*.

INDICATIF.	IMPÉRATIF.
PRÉSENT. *S.* Imit or, *j'imite.* Imit aris *ou* imit are, *tu imites.* Imit atur, *il imite.* *Pl.* Imit amur, *nous imitons.* Imit amini, *vous imitez.* Imit antur, *ils imitent.*	Point de première personne. Imit are *ou* imit ator, *imite.* Imit ator (ille), *qu'il imite.* Imit emur, *imitons.* Imit amini, *imitez.* Imit antor, *qu'ils imitent.*
IMPARFAIT. *S.* Imit abar, *j'imitais.* Imit abaris *ou* imit abare, *tu imitais.* Imit abatur, *il imitait.* *Pl.* Imit abamur, *nous imitions.* Imit abamini, *vous imitiez.* Imit abantur, *ils imitaient.*	. . . .
PARFAIT. *S.* Imitatus sum *ou* fui, *j'ai imité, j'imitai.* Imitatus es, *tu as imité.* Imitatus est, *il a imité.* *Pl.* Imitati sumus, *nous avons imité.* Imitati estis, *vous avez imité.* Imitati sunt, *ils ont imité.*	. . . .
PLUS-QUE-PARFAIT. *S.* Imitatus eram *ou* fueram, *j'avais imité.* Imitatus eras, *tu avais imité.* Imitatus erat, *il avait imité.* *Pl.* Imitati eramus, *nous avions imité.* Imitati eratis, *vous aviez imité.* Imitati erant, *ils avaient imité.*	. . . .
FUTUR. *S.* Imit abor, *j'imiterai.* Imit aberis *ou* imit abere, *tu imiteras.* Imit abitur, *il imitera.* *Pl.* Imit abimur, *nous imiterons.* Imit abimini, *vous imiterez.* Imit abuntur, *ils imiteront.*	. . . .
FUTUR ANTÉRIEUR. *S.* Imitatus ero *ou* fuero, *j'aurai imité.* Imitatus eris, *tu auras imité.* Imitatus erit, *il aura imité.* *Pl.* Imitati erimus, *nous aurons imité.* Imitati eritis, *vous aurez imité.* Imitati erunt, *ils auront imité.*	. . . .

Ainsi se conjuguent : *Mirari, miror, miratus sum,* admirer ; — *Hortari, hortor, hortatus sum,* exhorter.

SUBJONCTIF.			INFINITIF.	PARTICIPE.
Imit er, Imit eris, Imit etur, Imit emur, Imit emini, Imit entur,	Il faut	*que j'imite.* *que tu imites.* *qu'il imite.* *que nous imitions.* *que vous imitiez.* *qu'ils imitent.*	Imit ari, *imiter.*	Imit ans, *imitant.*
Imit arer, Imit areris, Imit aretur, Imit aremur, Imit aremini, Imit arentur,	Il fallait	*que j'imitasse.* *que tu imitasses.* *qu'il imitât.* *q. nous imitassions.* *que vous imitassiez.* *qu'ils imitassent.*		
Imitatus sim, Imitatus sis, Imitatus sit, Imitati simus, Imitati sitis, Imitati sint,	Il a fallu	*que j'aie imité.* *que tu aies imité.* *qu'il ait imité.* *q. nous ayons imité.* *que vous ayez imité.* *qu'ils aient imité.*	Imit atum (am, um) esse, *avoir imité.*	Imit atus, a, um, *ayant imité.*
Imitatus essem, Imitatus esses, Imitatus esset, Imitati essemus, Imitati essetis, Imitati essent,	Il avait fallu	*que j'eusse* *que tu eusses* *qu'il eût* *que n. eussions* *q. vous eussiez* *qu'ils eussent* } *imité.*		
. . . .			Imit aturum (am, um) esse, *devoir imiter.*	ACTIF. Imit aturus, a, um, *devant imiter.* PASSIF. Imit andus, a, um, *devant être imité.*
. . . .			Imit aturum (am, um) fuisse, *avoir dû imiter.* GÉRONDIF. Imit andi, *d'imiter.* Imit ando, *à imiter.* (Ad) imit andum, *à ou pour imiter.*	SUPIN. ACTIF. Imit atum, *imiter.* PASSIF. Imit atu, *à être imité.*

Ainsi se conjuguent : *Precari, precor, precatus sum*, prier ; — *Venerari, veneror, veneratus sum*, respecter.

INDICATIF.	IMPÉRATIF.
PRÉSENT. *S.* Pollic eor, *je promets.* Pollic eris *ou* pollic ere, *tu promets.* Pollic etur, *il promet.* *Pl.* Pollic emur, *nous promettons.* Pollic emini, *vous promettez.* Pollic entur, *ils promettent.*	**Point de première personne.** Pollic ere *ou* pollic etor, *promets* Pollic etor (ille), *qu'il promette.* Pollic eamur, *promettons.* Pollic emini, *promettez.* Pollic entor, *qu'ils promettent*
IMPARFAIT. *S.* Pollic ebar, *je promettais.* Pollic ebaris *ou* pollic ebare, *tu promettais* Pollic ebatur, *il promettait.* *Pl.* Pollic ebamur, *nous promettions.* Pollic ebamini, *vous promettiez.* Pollic ebantur, *ils promettaient.*	. . . .
PARFAIT. *S.* Pollicitus sum *ou* fui, *j'ai promis.* *Pl.* Polliciti sumus, *nous avons promis*, etc.	. . . .
PLUS-QUE-PARFAIT. *S.* Pollicitus eram *ou* fueram, *j'avais pro-* [*mis*, etc. *Pl.* Polliciti eramus, *nous avions promis*, etc.	. . . .
FUTUR. *S.* Pollic ebor, *je promettrai.* Pollic eberis *ou* pollic ebere, *tu promettras* Pollic ebitur, *il promettra.* *Pl.* Pollic ebimur, *nous promettrons.* Pollic ebimini, *vous promettrez.* Pollic ebuntur, *ils promettront.*	. . . .
FUTUR ANTÉRIEUR. *S.* Pollicitus ero *ou* fuero, *j'aurai promis*, etc. *Pl.* Polliciti erimus, *nous aurons promis*, etc.	. . . .

Ainsi se conjuguent : *Misereri, misereor, misertus* ou *miseritus sum*, avoir pitié; — *Vereri, vereor, veritus sum*, craindre.

SUBJONCTIF.			INFINITIF.	PARTICIPE.
Pollic ear, Pollic earis, Pollic eatur, Pollic eamur, Pollic eamini, Pollic eantur,	Il faut	*que je promette.* *que tu promettes.* *qu'il promette.* *que n. promettions.* *que v. promettiez.* *qu'ils promettent.*	Pollic eri, *promettre.*	Pollic ens, *promettant.*
Pollic erer, Pollic ereris, Pollic eretur, Pollic eremur, Pollic eremini, Pollic erentur,	Il fallait	*que je promisse.* *que tu promisses.* *qu'il promît.* *q. n. promissions.* *que v. promissiez.* *qu'ils promissent.*		
Pollicitus sim, Polliciti simus,	Il a fallu	*que j'aie promis*, etc. *que nous ayons pro-* [*mis*, etc.	Pollic itum (am, um) esse, *avoir promis.*	Pollic itus, a, um, *ayant promis.*
Pollicitus essem, Polliciti essemus,	Il avait fallu	*que j'eusse pro-* [*mis.* *que nous eussions* [*promis* etc.		
. . . .			Pollic iturum (am, um) esse, *devoir promettre.*	ACTIF. Pollic iturum, a, um, ***devant promettre.*** PASSIF. Pollic endus, a, um, ***devant être promis.***
. . . .			Pollic iturum (am, um) fuisse, ***avoir dû promettre.*** GÉRONDIF. Pollic endi, *de promettre* Pollic endo, *à promettre* (Ad) pollic endum, *à* ou *pour promettre.*	SUPIN. ACTIF. Pollic itum, ***promettre.*** PASSIF. Pollic itu, ***à être promis.***

nsi se conjuguent : *Fateri, fateor, fassus sum*, avouer ; — *Tueri, tueor, tuitus sum*, garder.

INDICATIF.	IMPÉRATIF.
PRÉSENT. *S.* Ut or, *je me sers.* Ut eris *ou* ut ere, *tu te sers.* Ut itur, *il se sert.* *Pl.* Ut imur, *nous nous servons.* Ut imini, *vous vous servez.* Ut untur, *ils se servent.*	Point de première personne. Ut ere *ou* ut itor, *sers-toi.* Ut itor (ille), *qu'il se serve.* Ut amur, *servons-nous.* Ut imini, *servez-vous.* Ut untor, *qu'ils se servent.*
IMPARFAIT. *S.* Ut ebar, *je me servais.* Ut ebaris *ou* ut ebare, *tu te servais.* Ut ebatur, *il se servait.* *Pl.* Ut. ebamur, *nous nous servions.* Ut ebamini, *vous vous serviez.* Ut ebantur, *ils se servaient.*	. . . .
PARFAIT. *S.* Usus sum *ou* fui, *je me suis servi*, etc. *Pl.* Usi sumus, *nous nous sommes servis*, etc.	. . . .
PLUS-QUE-PARFAIT. *S.* Usus eram *ou* fueram, *je m'étais servi*, etc. *Pl.* Usi eramus, *nous nous étions servis*, etc.	. . . .
FUTUR. *S.* Ut ar, *je me servirai.* Ut eris *ou* ut ere, *tu te serviras.* Ut etur, *il se servira.* *Pl.* Ut emur, *nous nous servirons.* Ut emini, *vous vous servirez.* Ut entur, *ils se serviront.*	. . . .
FUTUR ANTÉRIEUR. *S.* Usus ero *ou* fuero, *je me serai servi*, etc. *Pl.* Usi erimus, *nous nous serons servis*, etc.	. . . .

Ainsi se conjuguent : *Sequi, sequor, secutus sum*, suivre ; — *Loqui, loquor, locutus sum*, parler.

SUBJONCTIF.			INFINITIF.	PARTICIPE.
Ut ar, Ut aris, Ut atur, Ut amur, Ut amini, Ut antur,	Il faut	*que je me serve.* *que tu te serves.* *qu'il se serve.* *que nous nous servions.* *que vous vous serviez.* *qu'ils se servent.*	Uti, *se servir.*	Ut ens, *se servant.*
Ut erer, Ut ereris, Ut eretur, Ut eremur, Ut eremini, Ut erentur,	Il fallait	*que je me servisse.* *que tu te servisses.* *qu'il se servît.* *q. nous nous servissions.* *que vous vous servissiez.* *qu'ils se servissent.*		
Usus sim, Usi simus,	Il a fallu	*que je me sois servi,* etc. *que nous nous soyons servis,* etc.	Us um (am, um) esse, *s'être servi.*	Us us, a, um, *s'étant servi.*
Usus essem, Usi essemus,	Il avait fallu	*que je me fusse servi.* *que nous nous fussions servis,* etc.		
. . . .			Us urum (am, um) esse, *devoir se servir*	ACTIF. Us urus, a, um, ***devant se servir.*** PASSIF. Ut endus, a, um, ***dont on doit se servir.***
. . . .			Us urum (am, um) fuisse, ***avoir dû se servir.*** GÉRONDIF. Ut endi, ***de se servir.*** Ut endo, ***à se servir.*** (Ad) ut endum, ***à ou pour se servir.***	SUPIN. ACTIF. Us um, ***se servir.*** Pas de supin passif.

si se conjuguent : *Ulcisci, ulciscor, ultus sum,* venger; — *Nasci, nascor, natus sum,* naître.

INDICATIF.	IMPÉRATIF.
PRÉSENT. S. Bland ior, *je flatte.* Bland iris *ou* bland ire, *tu flattes.* Bland itur, *il flatte.* *Pl.* Bland imur, *nous flattons.* Bland imini, *vous flattez.* Bland iuntur, *ils flattent.*	Point de première personne. Bland ire *ou* bland itor, *flatte.* Bland itor (ille), *qu'il flatte.* Bland iamur, *flattons.* Bland imini, *flattez.* Bland iuntor, *qu'ils flattent.*
IMPARFAIT. S. Bland iebar, *je flattais.* Bland iebaris *ou* bland iebare, *tu flattais.* Bland iebatur, *il flattait.* *Pl.* Bland iebamur, *nous flattions.* Bland iebamini, *vous flattiez.* Bland iebantur, *ils flattaient.*	. . . .
PARFAIT. S. Blanditus sum *ou* fui, *j'ai flatté*, etc. *Pl.* Blanditi sumus, *nous avons flatté*, etc.	. . . .
PLUS-QUE-PARFAIT. S. Blanditus eram *ou* fueram, *j'avais flatté*, etc. *Pl.* Blanditi eramus, *nous avions flatté*, etc.	. . . .
FUTUR. S. Bland iar, *je flatterai.* Bland ieris *ou* bland iere, *tu flatteras.* Bland ietur, *il flattera.* *Pl.* Bland iemur, *nous flatterons.* Bland iemini, *vous flatterez.* Bland ientur, *ils flatteront.*	. . . .
FUTUR ANTÉRIEUR. S. Blanditus ero *ou* fuero, *j'aurai flatté*, etc. *Pl.* Blanditi erimus, *nous aurons flatté*, etc.	. . . .

Ainsi se conjuguent : *Largiri, largior, largitus sum,* donner; — *Experiri, experior, expertus sum,* éprouver.

SUBJONCTIF.			INFINITIF.	PARTICIPE.
Bland iar, Bland iaris, Bland iatur, Bland iamur, Bland iamini, Bland iantur,	Il faut	*que je flatte.* *que tu flattes.* *qu'il flatte.* *que nous flattions.* *que vous flattiez.* *qu'ils flattent.*	Bland iri, *flatter.*	Bland iens, *flattant.*
Bland irer, Bland ireris, Bland iretur, Bland iremur, Bland iremini, Bland irentur,	Il fallait	*que je flattasse.* *que tu flattasses.* *qu'il flattât.* *que nous flattassions.* *que vous flattassiez.* *qu'ils flattassent.*		
Blanditus sim, Blanditi simus,	Il a fallu	*que j'aie flatté*, etc. *que nous ayons flat-* [*té*, etc.	Bland itum (a, um) esse, *avoir flatté.*	Bland itus, a, um, *ayant flatté.*
Blanditus essem, Blanditi essemus,	Il avait fallu	*que j'eusse flatté.* *que nous eussions* [*flatté*, etc.		
. . . .			Bland iturum (am, um) esse, *devoir flatter.*	ACTIF. Bland iturus, a, um, ***devant flatter.*** Pas de participe passif.
. . . .			Bland iturum (am, um) ***avoir dû flatter.*** GÉRONDIF. **Bland iendi, *de flatter*** **Bland iendo, *à flatter*** **(Ad) bland iendum, *à* ou *pour flatter.***	SUPIN. ACTIF. **Bland itum, *flatter.*** Pas de supin passif.

insi se conjuguent : *Metiri, metior, mensus sum*, mesurer; — *Partiri, partior, partitus sum*, partager, etc.

69. Verbes sem

Quelques verbes latins ont la forme active dans leurs temps simpl
cette raison *semi-déponents.*

Ces verbes sont au nombre de six : trois appartiennent à la deuxiè

INDICATIF.		IMPÉRATIF.
PRÉSENT.		
Gaud eo,	*je me réjouis.*	Point de première personne.
Gaud es,	*tu te réjouis.*	Gaud e *ou* gaud eto, *réjouis-toi.*
Gaud et,	*il se réjouit.*	Gaud eto (ille), *qu'il se réjouisse.*
Gaud emus,	*nous nous réjouissons.*	Gaud eamus, *réjouissons-nous.*
Gaud etis,	*vous vous réjouissez.*	Gaud ete, *réjouissez-vous.*
Gaud ent,	*ils se réjouissent.*	Gaud ento, *qu'ils se réjouissent.*
IMPARFAIT.		
Gaud ebam,	*je me réjouissais.*	
Gaud ebas,	*tu te réjouissais.*	
Gaud ebat,	*il se réjouissait.*	. . . .
Gaud ebamus,	*nous nous réjouissions.*	
Gaud ebatis,	*vous vous réjouissiez.*	
Gaud ebant,	*ils se réjouissaient.*	
PARFAIT.		
Gavisus sum *ou* fui,	*je me suis* } *réjoui.*	
Gavisus es,	*tu t'es*	
Gavisus est,	*il s'est*	. . . .
Gavisi sumus,	*nous nous sommes* } *réjouis.*	
Gavisi estis,	*vous vous êtes*	
Gavisi sunt,	*ils se sont*	
PLUS-QUE-PARFAIT.		
Gavisus eram *ou* fueram,	*je m'étais* } *réjoui.*	
Gavisus eras,	*tu t'étais*	
Gavisus erat,	*il s'était*	. . . .
Gavisi eramus,	*nous nous étions* } *réjouis.*	
Gavisi eratis,	*vous vous étiez*	
Gavisi erant,	*ils s'étaient*	
FUTUR.		
Gaud ebo,	*je me réjouirai.*	
Gaud ebis,	*tu te réjouiras.*	
Gaud ebit,	*il se réjouira.*	. . . .
Gaud ebimus,	*nous nous réjouirons.*	
Gaud ebitis,	*vous vous réjouirez.*	
Gaud ebunt,	*ils se réjouiront.*	
FUTUR ANTÉRIEUR.		
Gavisus ero *ou* fuero,	*je me serai* } *réjoui.*	
Gavisus eris,	*tu te seras*	
Gavisus erit,	*il se sera*	. . . .
Gavisi erimus,	*nous nous serons* } *réjouis.*	
Gavisi eritis,	*vous vous serez*	
Gavisi erunt,	*ils se seront*	

a forme passive dans leurs temps composés; on les appelle pour

ugaison; les trois autres, à la troisième.

SUBJONCTIF.		INFINITIF.	PARTICIPE.
Gaud eam, Gaud eas, Gaud eat, Gaud eamus, Gaud eatis, Gaud eant,	Il faut { *que je me réjouisse.* *que tu te réjouisses.* *qu'il se réjouisse.* *q. nous nous réjouissions* *que vous vous réjouissiez* *qu'ils se réjouissent.*	Gaud ere, *se réjouir.*	Gaud ens, entis, *se réjouissant.*
Gaud erem, Gaud eres, Gaud eret, Gaud eremus, Gaud eretis, Gaud erent,	Il fallait { *que je me réjouisse.* *que tu te réjouisses.* *qu'il se réjouît.* *q. nous nous réjouissions* *que vous vous réjouissiez* *qu'ils se réjouissent.*		
Gavisus sim, Gavisus sis, Gavisus sit, Gavisi simus, Gavisi sitis, Gavisi sint,	Il a fallu { *que je me sois* *que tu te sois* *qu'il se soit* } *réjoui.* *que nous nous soyons* *que vous vous soyez* *qu'ils se soient* } *réjouis.*	Gavisum, am esse ou fuisse, *s'être réjoui.*	Gavisum, a, um, *s'étant réjoui.*
Gavisus essem Gavisus esses, Gavisus esset, Gavisi essemus, Gavisi essetis, Gavisi essent,	Il avait fallu { *que je me fusse* *que tu te fusses* *qu'il se fût* } *réjoui.* *q. nous nous fussions* *que vous vous fussiez* *qu'ils se fussent* } *réjouis.*		
. . . .		Gavisurum, am esse, *devoir se réjouir.*	Gavisurus, a, um, *devant se réjouir.*
. . . .		Gavisurum, am fuisse, *avoir dû se réjouir.* GÉRONDIF. Gaud endi, *de se réjouir.* Gaud endo, *à se réjouir.* (Ad) gaud endum, *à ou pour se réjouir.*	SUPIN. Gavisum, *se réjouir.*

Ainsi se conjuguent :

Audeo, es, ausus sum, audere (actif), *oser.*
Soleo, es, solitus sum, solere (neutre), *avoir coutume.*
Fido, is, fisus sum, fidere (neutre), *se fier.*
Confido, is, confisus sum, confidere (neutre), *se confier.*
Diffido, is, diffisus sum, diffidere (neutre), *se défier.*

Verbes unipersonnels.

70. On appelle verbe *unipersonnel* celui qui ne s'emploie dans tous les temps qu'à la troisième personne du singulier.

INDICATIF.	SUBJONCTIF.	INFINITIF.
PRÉSENT. Oportet, *il faut.*	Oporteat, *qu'il faille.*	Oportere, *falloir.*
IMPARF. Oportebat, *il fallait.*	Oporteret, *qu'il fallût.*	Oportuisse, *avoir fallu.*
PARFAIT. Oportuit, *il a fallu.*	Oportuerit, *qu'il ait fallu.*	
P.-Q.-P. Oportuerat, *il avait fallu*	Oportuisset, *qu'il eût fallu.*	
FUTUR. Oportebit, *il faudra.*	. . . .	
FUT. PAS. Oportuerit, *il aura fallu.*	. . . .	

Remarque. — Les verbes unipersonnels n'ont ni impératif, ni gérondif, ni participe, ni supin.

71. Me pœnitet.

INDICATIF.

PRÉSENT.

Sing. me Pœnitet, *je me repens.*
te Pœnitet, *tu te repens.*
illum, illam Pœnitet, *il, elle se repent.*

Plur. nos Pœnitet, *nous nous repentons.*
vos Pœnitet, *vous vous repentez.*
illos, illas Pœnitet, *ils, elles se repentent.*
Imparfait. me Pœnitebat, *je me repentais*, etc.
Parfait. me Pœnituit, *je me suis repenti*, etc.
Plus-que-p. me Pœnituerat, *je m'étais repenti.*
Futur. me Pœnitebit, *je me repentirai.*
Futur passé. me Pœnituerit, *je me serai repenti.*

SUBJONCTIF.

Présent. me Pœniteat, *que je me repente*, etc.
Imparfait. me Pœniteret, *que je me repentisse* ou *je me repentirais.*
Parfait. me Pœnituerit, *que je me sois repenti.*
Plus-que-p. me Pœnituisset, *que je me fusse repenti* ou *je me serais repenti.*

INFINITIF.

PRÉSENT ET IMPARFAIT.

Pœnitere, *se repentir.*

PARFAIT ET PLUS-QUE-PARFAIT.

Pœnituisse, *s'être repenti.*

PARTICIPE PRÉSENT.

Pœnitens, pœnitentis, *se repentant.*

PARTICIPE FUTUR PASSIF.

Pœnitendus, pœnitenda, pœnitendum, *dont on doit se repentir.*

GÉRONDIF.

Pœnitendi, *de se repentir.*
Pœnitendo, *en se repentant.*
Pœnitendum, *à* ou *pour se repentir.*

Ainsi se conjuguent :

Me pudet, puduit, pudere, *j'ai honte.*
Me piget, piguit, pigere, *je suis fâché.*
Me tædet, pertæsum est, tædere, *je m'ennuie.*
Me miseret, misertum est (pas d'infinitif), *j'ai pitié.*

Verbes unipersonnels passifs.

72. On peut donner la forme unipersonnelle à la plupart des verbes actifs en les employant au passif à la troisième personne du singulier. Le verbe latin répond au verbe actif français précédé du substantif indéfini *on*.

INDICATIF.	SUBJONCTIF.
PRÉSENT. Dicitur, *on dit.*	Dicatur, *qu'on dise.*
IMPARFAIT. Dicebatur, *on disait.*	Diceretur, *qu'on dît.*
PARFAIT. Dictum est *ou* fuit, *on a dit.*	Dictum sit *ou* fuerit, *qu'on ait dit.*
PL.-Q.-PARF. Dictum erat *ou* fuerat, *on avait dit.*	Dictum esset *ou* fuisset, *qu'on eût dit.*
FUTUR. Dicetur, *on dira.*	. . . .
FUT. PASSÉ. Dictum erit *ou* fuerit, *on aura dit.*	. . . .

CHAPITRE V.

CINQUIEME ESPECE DE MOTS.

LE PARTICIPE.

73. Le *participe* est un mot qui tient à la fois de l'adjectif et du verbe.

Il y a en latin trois participes : le participe présent, le participe passé et le participe futur.

Tous les participes présents se déclinent sur *prudens*,

prudentis; les participes passés et les participes futurs sur *bonus, a, um.*

Les verbes actifs n'ont que deux participes : le participe présent, comme *amans, monens, legens, audiens,* et le participe futur, comme *amaturus, moniturus, lecturus, auditurus.*

Les verbes passifs n'ont également que deux participes : le participe passé, comme *amatus, monitus, lectus, auditus,* et le participe futur, comme *amandus, monendus, legendus, audiendus.*

Les verbes déponents sont les seuls qui aient les trois participes : le participe présent : *imitans, pollicens, utens, blandiens;* le participe passé actif : *imitatus, pollicitus, usus, blanditus;* le participe futur actif et passif : *imitaturus* et *imitandus, polliciturus* et *pollicendus.*

CHAPITRE VI.

SIXIEME ESPECE DE MOTS.

LA PRÉPOSITION.

74. La *préposition* est un mot invariable qui sert à unir deux mots et à en marquer le rapport.

Quand je dis : *Le livre de Pierre, de* marque le rapport qu'il y a entre les mots *livre, Pierre.*

75. Parmi les prépositions, trente veulent leur complément à l'accusatif ; douze le veulent à l'ablatif.

I. Prépositions qui gouvernent l'accusatif.

Ad, *auprès, chez, pour.*
Adversùm, adversùs, *contre, vis-à-vis de.*
Ante, *devant, avant.*
Apud, *auprès, chez.*
Circa, *auprès, environ.*
Circiter, *environ, à peu près.*
Circùm, *autour, à l'entour.*
Cis, citra, *deçà, en deçà.*
Contra, *contre, vis-à-vis, à l'opposite.*

Erga, *envers, à l'égard de.*
Extra, *hors, outre, excepté.*
Intra, *sous, au-dessous.*
Inter, *entre, parmi.*
Intra, *dans, au dedans, dans l'espace de.*
Juxta, *auprès, proche.*
Ob, *pour, devant, à cause de.*
Penes, *en la puissance de.*
Per, *par, durant, au travers de, pendant.*
Ponè, *après, derrière, par derrière.*

Post, *après, depuis.*
Præter, *excepté, hormis, outre.*
Prope, *proche, près de, auprès.*
Propter, *pour, à cause de.*
Secundùm, *selon, suivant, auprès de, le long de.*
Secus, *auprès, le long de.*
Supra, *sur, au-dessus de.*
Trans, *au delà, par delà.*
Versùs, *vers, du côté de.*
Ultra, *au delà, par delà.*
Usque, *jusqu'à.*

II. Prépositions qui gouvernent l'ablatif.

Il y a douze prépositions qui gouvernent l'ablatif.

A, ab, abs, *de, depuis, par.*
Absque, sine, *sans.*
Clam, *à l'insu de.*
Coram, *devant, en présence de.*
Cum, *avec.*
De, *de, sur* ou *touchant.*

E, ex, *de, par.*
Palam, *devant, en présence de.*
Præ, *devant, en comparaison de, au-dessus de.*
Pro, *pour, au lieu de, selon, devant.*
Tenùs, *jusqu'à.*

76. Les quatre prépositions suivantes veulent l'accusatif quand elles sont jointes à un verbe de mouvement, et elles gouvernent l'ablatif quand elles sont jointes à un verbe de repos.

In, *en, dans, sur.*
Subter, *sous, au-dessous de.*

Sub, *sous, au-dessous de.*
Super, *sur, au-dessus de.*

CHAPITRE VII.

SEPTIÈME ESPECE DE MOTS.

—

L'ADVERBE.

77. L'*adverbe* est un mot qui sert à modifier le verbe, ou plutôt l'attribut compris dans le verbe.

Ex. : Le ruisseau *coule lentement*,

c'est-à-dire est *coulant lentement.*

78. Les circonstances ou modifications exprimées par l'adverbe peuvent se réduire à dix, à savoir : le lieu, le temps, la quantité, l'interrogation, l'affirmation, la négation, le doute, la ressemblance, la différence, la manière.

Adverbes de lieu.

79. Tous les adverbes de lieu répondent aux quatre questions suivantes : *ubi*, où ? indiquant le lieu où l'on est, où l'on fait quelque chose ; *quo?* où ? indiquant le lieu où l'on va ; *unde*, d'où ? indiquant le lieu d'où l'on vient ; *quà*, par où ? indiquant le lieu par où l'on passe.

Voici le tableau de ces adverbes :

QUESTION *ubi?* LIEU OÙ L'ON EST.	QUESTION *unde?* LIEU D'OÙ L'ON VIENT.	QUESTION *quo?* LIEU OÙ L'ON VA.	QUESTION *qua?* LIEU PAR OÙ L'ON PASSE.
Ubi? *où?*	Unde? *d'où?*	Quo? *où?*	Qua? *par où?*
Ubi, *où, là où, dans le lieu où.*	Unde, *d'où, dans le lieu d'où.*	Quo, *où, là où, dans le lieu où.*	Qua, *par où, dans le lieu par lequel.*
Ibi, *là, en ce lieu.*	Inde, *de là.*	Eo, *là, vers ce lieu.*	Ea, *par là.*
Hic, *ici (où je suis).*	Hinc, *d'ici (où je suis).*	Huc, *ici (où je suis).*	Hac, *par ici (où je suis).*
Istic, *là (où vous êtes).*	Istinc, *de là (où vous êtes).*	Istuc, *là (où vous êtes).*	Istac, *par là (où vous êtes).*
Illic, *là (où il est).*	Illinc, *de là (où il est).*	Illuc, *là (où il est).*	Illac, *par là (où il est).*
Alicubi, usquam, uspiam, *quelque part.*	Alicunde, *de quelque part.*	Aliquo, quoquam, quopiam, *quelque part.*	Aliqua, *par quelque endroit.*
Nusquam, *nulle part.*	—	—	—
Ibidem, *au même endroit.*	Indidem, *du même lieu.*	Eodem, *vers le même lieu.*	Eadem, *par le même endroit.*
Alibi, *ailleurs.*	Aliunde, *d'ailleurs.*	Alio, *ailleurs.*	Alia, *par un autre endroit.*
Ubique, *partout.*	Undique, *de toutes parts.*	Quovis, quolibet, *partout, vers un lieu quelconque.*	Qualibet, *par un endroit quelconque,*
—	—		
Ubicumque, *partout où, en quelque lieu que.*	Undecumque, *de quelque lieu que.*	Quocumque, *partout où, vers quelque lieu que.*	Quacumque, *par quelque endroit que.*
Utrobique, *des deux côtés.*	Utrinque, *des deux côtés.*	Utroque, *des deux côtés.*	—
Intus, *dedans.*	Intrinsecus, *de dedans.*	Intro, *dedans.*	—
Foris, *dehors.*	Extrinsecus, *de dehors.*	Foras, *dehors.*	—
Late, *au loin.*	Longe, }	Late, *au loin.*	—
—	Procul, } *de loin.*	—	—
—	Eminus, }	—	—
Prope, *près.*	Cominus, *de près.*	—	—
Passim, *çà et là.*	—	—	—
—	—	Retro, retrorsum, *en arrière.*	—
—	—	Obviam, *à la rencontre.*	—
—	—	Usque, *jusqu'à.*	—

80. — Adverbes de temps.

quando?	*quand?*
hodie,	*aujourd'hui.*
heri (here),	*hier.*
nudius tertius,	*avant-hier.*
cras,	*demain.*
perendie,	*après-demain.*
pridie,	*la veille.*
postridie,	*le lendemain.*
mane,	*le matin.*
vespere, vesperi,	*le soir.*
interdiu,	*de jour.*
noctu,	*de nuit.*
noctu diuque,	*jour et nuit.*
nunc,	*maintenant.*
tunc, tum,	*alors.*
jam,	*déjà.*
mox,	*bientôt.*
nondum,	*pas encore.*
nuper,	*dernièrement.*
pridem, jampridem, dudum, jamdudum,	*depuis longtemps.*
olim, quondam,	*autrefois, jadis, un jour.*
sæpe,	*souvent.*
nunquam,	*jamais.*
tandem,	*enfin.*
aliquando, nonnunquam, interdum,	*quelquefois.*
adhuc,	*encore, jusqu'ici.*
etiamnunc,	*encore aujourd'hui.*
etiamtum,	*encore alors.*
simul,	*en même temps.*
quotidie,	*tous les jours.*
quotannis,	*tous les ans.*
deinde, dein,	*ensuite.*

antea,	*auparavant.*
postea,	*dans la suite.*
antehac,	*ci-devant.*
posthac,	*désormais.*
interea,	*pendant ce temps.*
interim;	*en attendant.*
protinus,	*aussitôt.*
quandiu?	*combien de temps?*
aliquandiu,	*quelque temps.*
diu,	*longtemps.*
tandiu, tam diu,	*si longtemps.*
semper,	*toujours.*
paulisper,	*pendant peu de temps.*
parumper,	*pour peu de temps.*

81. — Adverbes de quantité.

Les adverbes de quantité répondent à la question combien?

Quantum?	*Combien?*
aliquantum,	*un peu.*
tantum,	*tant, autant.*
multum,	*beaucoup.*
plurimum,	*le plus.*
maxime,	*le plus, très.*
parum,	*peu, trop peu.*
paulum,	*peu, un peu.*
plus,	*plus.*
magis,	*plus.*
minus,	*moins.*
minime,	*le moins, très-peu.*

82. — Adverbes d'interrogation.

An, anne, ne (après un mot),	} *est-ce, est-ce que?*
nonne,	*n'est-ce pas, n'est-ce pas que?*
num,	*est-ce que.*

83. — Adverbes d'affirmation.

Ita, *ainsi.*
etiam, *même.*
næ, certè, sane, profecto, } *certes, assurément.*
quidem, equidem, } *à la vérité.*
nimirùm, scilicet, videlicet, } *sans doute, c'est-à-dire.*
imo, *bien plus, et même.*
præsertim, præcipue, imprimis, } *principalement, surtout.*

84. — Adverbes de négation.

Non, *non, ne...pas.*
haud, *ne... point.*
ne (pour défendre) *ne...pas.*
ne...quidem, *ne pas même.*
nequaquam, haudquaquam } *pas du tout.*
neutiquam, *en aucune façon.*
minimè, *nullement.*

85. — Adverbes de doute.

Fortasse, forsitan, } *peut-être.*
forsan (peut-être), *peut-être.*
fortè, *par hasard.*

86. — Adverbes de ressemblance ou d'union.

Sic, ita, item, perinde, } *ainsi, de même.*
pariter, *pareillement.*
quoquè, *aussi.*
simul, una, *ensemble, en même temps.*
conjunctim, *conjointement.*
universatim, universe, } *généralement. en général.*

87. — Adverbes de différence ou de séparation.

Aliter, *autrement.*
alioqui, alioquin, *d'ailleurs.*
privatim, *séparément.*
seorsim, *à part.*

88. — Adverbes de manière.

Doctus, docti, *savant;* doctè, *savamment.*
Liber, liberi, *libre;* liberè, *librement.*
Fortis, fortis, *courageux;* fortiter, *courageusement.*
Alacer, alacris, *gai;* alacriter, *gaiement.*
Felix, felicis, *heureux;* feliciter, *heureusement*

Constans, constantis, *constant;* constanter, *constamment.*
Prudens, prudentis, *prudent;* prudenter, *prudemment.*

DEGRÉS DE SIGNIFICATION DANS LES ADVERBES.

89. Les adverbes de manière formés d'adjectifs ont, comme ceux-ci, un comparatif et un superlatif.

Le comparatif de l'adverbe n'est autre chose que le comparatif neutre de l'adjectif correspondant.

Le superlatif se tire de celui de l'adjectif par le change-de *us* en *e*.

POSITIF.	COMPARATIF.	SUPERLATIF.
Docte,	doctius,	doctissime,
Savamment,	*plus savamment,*	*très-savamment.*
Fortiter,	fortius,	fortissime,
Courageusement,	*plus courageusement,*	*très-courageusement.*
Cito,	citius,	citissime,
Vite,	*plus vite,*	*très-vite.*
Bene,	melius,	optime,
Bien,	*mieux,*	*très-bien.*
Male,	pejus,	pessime,
Mal,	*plus mal,*	*très-mal.*

CHAPITRE VIII.

HUITIEME ESPECE DE MOTS.

LA CONJONCTION.

90. La *conjonction* est un mot invariable qui sert à unir deux propositions et a en marquer le rapport.

Ex. : *Pierre* jouè et *Paul* travaille.

91. Les propositions sont liées entre elles de deux manières : tantôt elles sont simplement placées les unes à côté des autres ou *coordonnées ;* tantôt elles sont indépendantes les unes des autres ou *subordonnées.*

De là deux classes de conjonctions : conjonctions de *coordination,* conjonctions de *subordination.*

92. Conjonctions de coordination.

Et,	*et, ac, atque, que* (après un mot).
Ou,	*aut, vel, ve* (après un mot).
Ni,	*nec, neque.*
Mais,	*at, sed, verum, vero* et *autem* (après un mot).
Car,	*nam, enim* (après un mot), *etenim, namque, nempe, quippe.*
Or,	*atqui, porro, vero, autem.*
Donc,	*ergo, igitur, itaque.*
Cependant,	*tamen, attamen, verumtamen.*
C'est pourquoi,	*ideo, itaque, quamobrem, quare, idcirco, quapropter, quocirca, proinde.*

93. Conjonctions de subordination.

Si,	*si.*
Si,	(entre deux verbes) *an, num, utrum.*
Mais si,	*sin, sin autem, sin vero.*
Sinon,	*sinon, si minus, sin minus, sin aliter.*
A moins que,	*nisi,* et par contraction *ni.*
Soit que,	*sive, seu.*
Pourvu que,	*modo, si modo, dum, dummodo.*
Comme,	*ut, sicut, velut, veluti, tanquam, ceu, quemadmodum.*
Comme si,	*quasi, perinde ac si.*
Quoique,	*etsi, etiamsi, tametsi, quanquam, quamvis, licet.*
Afin que,	*ut, quo* (avec un comparatif).
De peur que,	*ne.*
Que... ne,	*quin, quominus.*
Parce que,	*quia, quoniam, quod.*
Puisque,	*quum, quandoquidem.*

Lorsque,	*quum*, *quando*.
Tandis que,	*dum*.
Jusqu'à ce que,	*donec*, *dum*, *quoad*.
Avant que,	*antequam*, *priusquam*.
Après que,	*postquam*, *posteaquam*.
Dès que,	*ut primum*, *ubi primum*, *simul*, *simul ac*, ou *atque*.
De quelque manière que,	*utcumque*, *quomodocumque*.
En tant que,	*ut*, *utpote*.
Que,	*ut*, et dans les comparaisons *quam*.

CHAPITRE IX.

NEUVIEME ESPECE DE MOTS.

L'INTERJECTION.

94. L'interjection est un mot invariable qui sert à exprimer les sentiments vifs et subits de l'âme, la joie, la douleur, la surprise, etc.

Pour marquer la joie.	O ! evax ! *oh ! ah !*
Pour la douleur.	Hei ! heu ! *ah ! hélas ! ah, ah !*
Pour l'indignation.	Proh ! heu ! *ô ! oh ! ah !*
Pour l'admiration.	Papæ ! hui ! *ô ! ah ! oh ! ho !*
Pour menacer.	Hei ! væ ! *malheur à !*

L'usage apprendra les autres.

SUPPLÉMENT
A LA
PREMIÈRE PARTIE.

SUPPLÉMENT AU NOM.

PREMIÈRE DÉCLINAISON.

95. Quelques noms de la première déclinaison ont le datif et l'ablatif pluriel en *abus*, comme :

PLURIEL.

Nom.	Fili æ,	*les filles.*
Gén.	Fili arum,	*des filles.*
Dat.	Fili abus,	*aux filles.*
Acc.	Fili as,	*les filles.*
Voc.	o Fili æ,	*ô filles.*
Abl.	Fili abus,	*des filles.*

96. Il y a des noms de la première déclinaison, tirés du grec, dont le nominatif est en *e*, et qui font au génitif *es*, à l'accusatif *en*, comme :

SINGULIER.

Nom.	Music e,	*la musique.*
Gén.	Music es,	*de la musique.*
Dat.	Music æ,	*à la musique.*
Acc.	Music en,	*la musique.*
Voc.	o Music e,	*ô musique.*
Abl.	Music e,	*de la musique.*

Ainsi se déclinent :

Grammatic e, *es*, la grammaire. *Cybel e*, *es*, Cybèle.
Rhetoric e, *es*, la rhétorique. *Epitom e*, *es*, l'abrégé.

REMARQUES. I. Ces noms en *e* sont tous féminins.

II. La plupart de ces noms ont aussi la forme latine en *a*. On dit *musica*, *grammatica*, *rhetorica*.

97. Il y a des noms masculins, également tirés du grec, dont le nominatif est en *es* ou en *as*.

En voici la déclinaison :

SINGULIER.

Nom.	Comet es,	*la comète.*	Æne as,	*Enée.*
Gén.	Comet æ,	*de la comète.*	Æne æ,	*d'Enée.*
Dat.	Comet æ,	*à la comète.*	Æne æ,	*à Enée.*
Acc.	Comet en *et* am	*la comète.*	Æne an *et* am,	*Enée.*
Voc.	o Comet e,	*ô comète.*	o Æne a,	*ô Enée.*
Abl.	Comet e *et* a,	*de la comète.*	Æne a,	*d'Enée.*

DEUXIÈME DÉCLINAISON.

98. Les deux noms communs *filius*, fils ; *genius*, génie, ont le vocatif en *i : fili, geni.*

Il en est de même de tous les noms propres en *ius*, comme *Virgilius*, Virgile ; *Antonius*, Antoine ; *Horatius*, Horace : *Virgili, Antoni, Horati.*

Tous les autres noms communs en *ius* ont régulièrement le vocatif en *ie : gladius*, glaive, *gladie ; radius*, rayon, *radie.*

99. Les trois noms *Deus*, Dieu ; *agnus*, agneau ; *chorus*, chœur, ont le vocatif semblable au nominatif.

Au pluriel *Deus* change l'*e* du radical en *i* au nominatif, au datif, au vocatif et à l'ablatif.

Nom.	Di i,	*les Dieux.*
Gén.	De orum,	*des Dieux.*
Dat.	Di is,	*aux Dieux.*
Acc.	De os,	*les Dieux.*
Voc.	o Di i,	*ô Dieux.*
Abl.	Di is,	*des Dieux.*

NOMS TIRÉS DU GREC.

100. La deuxième déclinaison renferme quelques noms propres en *eus* qui sont tirés du grec et qui conservent au génitif et à l'accusatif la forme qu'ils avaient en grec. Ces noms ont le vocatif en *eu.*

SINGULIER.

Nom.	Orph eus,	*Orphée.*
Gén.	Orph ei *ou* Orph eos,	*d'Orphée.*
Dat.	Orph eo,	*à Orphée.*
Acc.	Orph eum, ea,	*Orphée.*
Voc.	o Orph eu,	*ô Orphée.*
Abl.	Orph eo,	*d'Orphée.*

Déclinez de même *Perseus*, Persée; *Theseus*, Thésée; *Morpheus*, Morphée.

TROISIÈME DÉCLINAISON.

ACCUSATIF SINGULIER.

101. Il y a des noms de la troisième déclinaison qui ont l'accusatif en *im*, comme :

SINGULIER.

Nom.	Secur is,	*la hache.*
Gén.	Secur is,	*de la hache.*
Dat.	Secur i,	*à la hache.*
Acc.	Secur im,	*la hache.*
Voc.	o Secur is,	*ô hache.*
Abl.	Secur i,	*de la hache.*

NOMS TIRÉS DU GREC.

102. Les noms neutres en *ma*, tirés du grec, ont une double forme au datif et à l'ablatif du pluriel.

SINGULIER.

Nom.	Poem a,	*le poëme.*
Gén.	Poem atis,	*du poëme.*
Dat.	Poem ati,	*au poëme.*
Acc.	Poem a,	*le poëme.*
Voc.	o Poem a,	*ô poëme.*
Abl.	Poem ate,	*du poëme.*

PLURIEL.

Nom.	Poem ata,	*les poëmes.*
Gén.	Poem atum,	*des poëmes.*
Dat.	Poem atis *ou* atibus,	*aux poëmes.*

Acc.	Poem ata,	*les poëmes.*
Voc.	o Poem ata,	*ô poëmes.*
Abl.	Poem atis *ou* atibus,	*des poëmes.*

Déclinez de même : *œnigma*, *matis*, énigme ; *diadema*, *atis*, diadème ; *dogma*, *atis*, dogme ; *stratagema*, *matis*, stratagème.

SINGULIER.

Nom.	Hæres is,	*l'hérésie.*
Gén.	Hæres is *ou* Hæres eos,	*de l'hérésie.*
Dat.	Hæres i,	*à l'hérésie.*
Acc.	Hæres im *ou* Hæres in,	*l'hérésie.*
Voc.	o Hæres is,	*ô hérésie.*
Abl.	Hæres i,	*de l'hérésie.*

PLURIEL.

Nom.	Hæres es,	*les hérésies.*
Gén.	Hæres eon,	*des hérésies.*
Dat.	Hæres ibus,	*aux hérésies.*
Acc.	Hæres es,	*les hérésies.*
Voc.	o Hæres es,	*ô hérésies.*
Abl.	Hæres ibus,	*des hérésies.*

Ainsi se déclinent *poesis*, la poésie ; *thesis*, la thèse ; *Genesis*, la Genèse ; *phrasis*, la phrase.

103. Il y a d'autres noms masculins et féminins tirés du grec, et qui ont l'accusatif singulier en *em* ou en *a*, l'accusatif pluriel en *es* ou en *as*.

SINGULIER.

Nom.	Her os,	*le héros.*
Gén.	Her ois,	*du héros.*
Dat.	Her oi,	*au héros.*
Acc.	Her oem *ou* Her oa,	*le héros.*
Voc.	o Her os,	*ô héros.*
Abl.	Her oe,	*du héros.*

SINGULIER.

Nom.	Her oes,	*les héros.*
Gén.	Her oum,	*des héros.*
Dat.	Her oibus,	*aux héros.*
Acc.	Her oes *ou* Her oas,	*les héros.*

Voc.	o Her oes,	*ô héros.*
Abl.	Her oibus,	*des héros.*

QUATRIÈME DÉCLINAISON.

Déclinaison du nom DOMUS.

104. Le nom féminin *domus,* maison, suit en partie la quatrième déclinaison, en partie la deuxième.

SINGULIER.

Nom.	Dom us,	*la maison.*
Gén.	Dom ûs *et* Domi,	*de la maison.*
Dat.	Dom ui *et* Dom o,	*à la maison.*
Acc.	Dom um,	*la maison.*
Voc.	o Dom us,	*ô maison.*
Abl.	Dom o,	*de la maison.*

PLURIEL.

Nom.	Dom us,	*les maisons.*
Gén.	Dom uum *et* Dom orum,	*des maisons.*
Dat.	Dom ibus,	*aux maisons.*
Acc.	Dom us *et* Dom os,	*les maisons.*
Voc.	o Dom us,	*ô maisons.*
Abl.	Dom ibus,	*des maisons.*

DÉCLINAISON DES NOMS COMPOSÉS.

105. Si le nom composé est formé de deux nominatifs, chaque nom se décline à tous les cas.

Nom.	Respublica, *la république.*	Jusjurandum, *le serment.*
Gén.	Reipublicæ.	Jurisjurandi.
Dat.	Reipublicæ.	Jurijurando.
Acc.	Rempublicam.	Jusjurandum.
Voc.	o Respublica.	o Jusjurandum.
Abl.	Republica.	Jurejurando.

REMARQUE. — Dans *respublica, res* se décline sur la cinquième déclinaison, *publica* sur la première ; dans *jusjurandum, jus* se décline sur la troisième déclinaison (*corpus*), *jurandum* sur la deuxième (*templum*).

Mais si le nom composé est formé d'un nominatif et d'un autre cas, on ne décline que le mot qui est au nominatif.

Nom.	Pater-familias, *le père de famille.*	Senatus-consultum, *sénatus-consulte* (*décret du sénat*).
Gén.	Patris-familias,	Senatus-consulti,
Dat.	Patri-familias,	Senatus-consulto,
Acc.	Patrem-familias,	Senatus-consultum,
Voc.	o Pater-familias,	o Senatus-consultum,
Abl.	Patre-familias.	Senatus-consulto.

SUPPLÉMENT A L'ADJECTIF.

COMPARATIFS ET SUPERLATIFS.

Adjectifs en ER.

106. Les adjectifs en *er* forment leur superlatif du nominatif masculin en ajoutant *rimus, rima, rimum : pulcher*, beau, *pulcherrimus, rima, rimum.*

Remarque. — I. Des douze adjectifs de la seconde classe en *er*, *is*, *e*, quatre seulement ont leur superlatif; savoir : *acer, celer, celeber, saluber : acer, acerrimus, a, um*, etc.

Adjectifs en ILIS.

107. Il y a six adjectifs en *ilis* qui forment leur superlatif en ajoutant *limus, a, um* au radical :

Facil is. .	*facile.* . . .	facil limus, a, um.
Difficil is.	*difficile.* . .	difficil limus, a, um.
Gracil is..	*grêle.* . . .	gracil limus, a, um.
Humil is..	*humble* . . .	humil limus, a, um.
Simil is. .	*semblable.* .	simil limus, a, um.
Dissimil is	*différent* . .	dissimil limus, a, um.

Remarques. — L'adjectif *imbecillus* et *imbecillis*, qui a deux formes au positif, en a également deux au superlatif : *imbecillissimus* et *imbecillimus.*

II. Les autres adjectifs en *ilis* forment régulièrement leur superlatif : *fertilis, fertilissimus*, etc.

Adjectifs en DICUS, FICUS, VOLUS.

108. Les adjectifs en *dicus, ficus, volus* forment leur comparatif en ajoutant au radical *entior*, leur superlatif *entissimus*, *a*, *um*.

Maledic us, *médisant;*	maledic entior,	maledic entissimus.
Benefic us, *bienfaisant;*	benefic entior,	benefic entissimus.
Malevol us, *malveillant;*	malevol entior,	malevol entissimus.

Adjectifs formant leur comparatif et leur superlatif à l'aide d'adverbes.

109. Les adjectifs en *ius*, *eus*, *uus* n'ont ni comparatif ni superlatif tirés d'eux-mêmes. On exprime le comparatif par l'adverbe *magis*, plus, et le superlatif par l'adverbe *maxime*, le plus, que l'on joint au positif.

POSITIF.	COMPARATIF.	SUPERLATIF.
Pius, *pieux;*	magis pius,	maxime pius.
Idoneus, *propre à ;*	magis idoneus,	maxime idoneus.
Conspicuus, *remarquable;*	magis conspicuus,	maxime conspicuus.

COMPARATIFS ET SUPERLATIFS IRRÉGULIERS.

110. Les cinq adjectifs suivants forment leur comparatif et leur superlatif très-irrégulièrement.

POSITIF.		COMPARATIF.		SUPERLATIF.	
Bonus,	*bon;*	melior,	*meilleur;*	optimus,	*très-bon.*
Malus,	*mauvais;*	pejor,	*pire;*	pessimus,	*très-mauvais.*
Magnus,	*grand;*	major,	*plus grand;*	maximus,	*très-grand.*
Parvus,	*petit;*	minor,	*plus petit;*	minimus,	*très-petit.*
Multi,	*beaucoup;*	plures,	*plus;*	plurimi,	*très-nombreux.*

SUPPLÉMENT AU VERBE.

VERBES IRREGULIERS.

111. On appelle *verbes irréguliers* ceux qui, dans leur formation, s'écartent du modèle de la conjugaison à laquelle ils appartiennent.

Comme les temps formés du parfait et du supin ont les mêmes terminaisons dans tous les verbes sans exception, il n'y a que les temps formés du présent qui soient susceptibles d'irrégularités.

INDICATIF.		IMPÉRATIF.	
PRÉSENT.			
Fero,	*je porte.*	Point de première personne.	
Fers,	*tu portes.*	Fer *ou* ferto,	*porte.*
Fert,	*il porte.*	Ferto (ille),	*qu'il porte.*
Ferimus,	*nous portons.*	Feramus,	*portons.*
Fertis,	*vous portez.*	Ferte *ou* fertote,	*portez.*
Ferunt,	*ils portent.*	Ferunto,	*qu'ils portent.*
IMPARFAIT.			
Ferebam,	*je portais.*		
Ferebas,	*tu portais.*		
Ferebat,	*il portait.*	....	
Ferebamus,	*nous portions.*		
Ferebatis,	*vous portiez.*		
Ferebant,	*ils portaient.*		
PARFAIT.			
Tuli,	*j'ai porté.*		
Tulisti,	*tu as porté.*		
Tulit,	*il a porté.*	....	
Tulimus,	*nous avons porté.*		
Tulistis,	*vous avez porté.*		
Tulerunt *ou* tulere,	*ils ont porté.*		
PLUS-QUE-PARFAIT.			
Tuleram,	*j'avais porté.*		
Tuleras,	*tu avais porté.*		
Tulerat,	*il avait porté.*	....	
Tuleramus,	*nous avions porté.*		
Tuleratis,	*vous aviez porté.*		
Tulerant,	*ils avaient porté.*		
FUTUR.			
Feram,	*je porterai.*		
Feres,	*tu porteras.*		
Feret,	*il portera.*	....	
Feremus,	*nous porterons.*		
Feretis,	*vous porterez.*		
Ferent,	*ils porteront.*		
FUTUR ANTÉRIEUR.			
Tulero,	*j'aurai porté.*		
Tuleris,	*tu auras porté.*		
Tulerit,	*il aura porté.*	....	
Tulerimus,	*nous aurons porté.*		
Tuleritis,	*vous aurez porté.*		
Tulerint,	*ils auront porté.*		

Ainsi se conjuguent les composés de *fero : Offero, offers, obtuli, oblatum, offerre*, offrir; — *Differo, differs, distuli, dilatum, differre*, différer.

SUBJONCTIF.		INFINITIF.	PARTICIPE.
Feram, Feras, Ferat, Feramus, Feratis, Ferant,	*Il faut* *que je porte. que tu portes. qu'il porte. que nous portions. que vous portiez. qu'ils portent.*	Ferre, *porter.*	Ferens, entis, *portant.*
Ferrem, Ferres, Ferret, Ferremus, Ferretis, Ferrent,	*Il fallait* *que je portasse. que tu portasses. qu'il portât. que nous portassions. que vous portassiez. qu'ils portassent.*	Tulisse, *avoir porté.*	
Tulerim, Tuleris, Tulerit, Tulerimus, Tuleritis, Tulerint,	*Il a fallu* *que j'aie porté. que tu aies porté. qu'il ait porté. que nous ayons porté. que vous ayez porté. qu'ils aient porté.*		Pas de participe passé.
Tulissem, Tulisses, Tulisset, Tulissemus, Tulissetis, Tulissent,	*Il avait fallu* *que j'eusse porté. que tu eusses porté. qu'il eût porté. que nous eussions porté. que vous eussiez porté. qu'ils eussent porté.*		
. . . .		Laturum, am, um esse, *devoir porter.*	Laturus, a, um, *devant porter.*
. . . .		Laturum, am, um fuisse, *avoir dû porter.* GÉRONDIF. Ferendi, *de porter.* Ferendo, *à porter.* (Ad) ferendum, *à ou pour porter.*	SUPIN. Latum, *à porter.*

Ainsi se conjuguent : *Affero, affer, attuli, ablatum, afferre,* apporter ; *aufero, aufers, abstuli, ablatum, auferre,* emporter.

113. Passif de FERO,

INDICATIF.		IMPÉRATIF.
PRÉSENT.		
Feror,	*je suis porté.*	Point de première personne.
Ferris *ou* ferre,	*tu es porté.*	Ferre *ou* fertor, *sois porté.*
Fertur,	*il est porté.*	Fertor, *qu'il soit porté.*
Ferimur,	*nous sommes portés.*	Feramur, *soyons portés.*
Ferimini,	*vous êtes portés.*	Ferimini, *soyez portés.*
Feruntur,	*ils sont portés.*	Feruntor, *qu'ils soient portés.*
IMPARFAIT.		
Ferebar,	*j'étais porté.*	
Ferebaris *ou* ferebare,	*tu étais porté.*	
Ferebatur,	*il était porté.*	. . . .
Ferebamur,	*nous étions portés.*	
Ferebamini,	*vous étiez portés.*	
Ferebantur,	*ils étaient portés.*	
PARFAIT.		
Latus sum *ou* fui,	*j'ai été* ou *je fus* } *porté.*	
Latus es,	*tu as été* } *porté.*	
Latus est,	*il a été* } *porté.*	. . . .
Lati sumus,	*nous avons été* } *portés.*	
Lati estis,	*vous avez été* } *portés.*	
Lati sunt,	*ils ont été* } *portés.*	
PLUS-QUE-PARFAIT.		
Latus eram *ou* fueram,	*j'avais été* } *porté.*	
Latus eras,	*tu avais été* } *porté.*	
Latus erat,	*il avait été* } *porté.*	. . . .
Lati eramus,	*nous avions été* } *portés.*	
Lati eratis,	*vous aviez été* } *portés.*	
Lati erant,	*ils avaient été* } *portés.*	
FUTUR.		
Ferar,	*je serai porté.*	
Fereris *ou* ferere,	*tu seras porté.*	
Feretur,	*il sera porté.*	. . . .
Feremur,	*nous serons portés.*	
Feremini,	*vous serez portés.*	
Ferentur,	*ils seront portés.*	
FUTUR ANTÉRIEUR.		
Latus ero *ou* fuero,	*j'aurai été* } *porté.*	
Latus eris,	*tu auras été* } *porté.*	
Latus erit,	*il aura été* } *porté.*	. . . .
Lati erimus,	*nous aurons été* } *portés.*	
Lati eritis,	*vous aurez été* } *portés.*	
Lati erunt,	*ils auront été* } *portés.*	

SUBJONCTIF.			INFINITIF.	PARTICIPE.
Ferar, Feraris, Feratur, Feramur, Feramini, Ferantur,	*Il faut*	*que je sois porté.* *que tu sois porté.* *qu'il soit porté.* *que nous soyons portés.* *que vous soyez portés.* *qu'ils soient portés.*	Ferri, *être porté.*	Pas de participe présent.
Ferrer, Ferreris, Ferretur, Ferremur, Ferremini, Ferrentur,	*Il fallait*	*que je fusse* *que tu fusses* *qu'il fût* } *porté.* *que nous fussions* *que vous fussiez* *qu'ils fussent* } *portés.*		
Latus sim, Latus sis, Latus sit, Lati simus, Lati sitis, Lati sint,	*Il a fallu*	*que j'aie été* *que tu aies été* *qu'il ait été* } *porté.* *que nous ayons été* *que vous ayez été* *qu'ils aient été* } *portés.*	Latum, am, um esse ou fuisse, *avoir été porté.*	Latus, a, um, *porté, ayant été porté.*
Latus essem, Latus esses, Latus esset, Lati essemus, Lati essetis, Lati essent,	*Il avait fallu*	*que j'eusse été* *que tu eusses été* *qu'il eût été* } *porté.* *que nous eussions été* *que vous eussiez été* *qu'ils eussent été* } *portés.*		
. . . .			Latum iri, *devoir être porté.*	Ferendus, a, um, *devant être porté.*
. . . .			Ferendum, am, um fuisse, *avoir dû être porté.*	SUPIN. Latu, *à être porté.*

INDICATIF.	IMPÉRATIF.
PRÉSENT.	Point de première personne.
Fio, *je suis fait* ou *je deviens.*	Fi, *sois fait* ou *deviens.*
Fis, *tu deviens.*	Fiat, *qu'il soit fait* ou *qu'il devienne*
Fit, *il devient.*	Fiamus, *devenons.*
Fimus, *nous devenons.*	Fite ou fitote, *soyez faits* ou *devenez*
Fitis, *vous devenez.*	Fiant, *qu'ils soient faits* ou *qu'ils*
Fiunt, *ils deviennent.*	[*deviennent.*
IMPARFAIT.	
Fiebam, *j'étais fait* ou *je devenais.*	
Fiebas, *tu devenais.*	
Fiebat, *il devenait.*	. . . .
Fiebamus, *nous devenions.*	
Fiebatis, *vous deveniez.*	
Fiebant, *ils devenaient.*	
PARFAIT.	
Factus sum *ou* fui, *je suis devenu, je devins.*	
Factus es, *tu es devenu.*	
Factus est, *il est devenu.*	. . . .
Facti sumus, *nous sommes devenus.*	
Facti estis, *vous êtes devenus.*	
Facti sunt, *ils sont devenus.*	
PLUS-QUE-PARFAIT.	
Factus eram *ou* fueram, *j'étais devenu.*	
Factus eras, *tu étais devenu.*	
Factus erat, *il était devenu.*	. . . .
Facti eramus, *nous étions devenus.*	
Facti eratis, *vous étiez devenus.*	
Facti erant, *ils étaient devenus.*	
FUTUR.	
Fiam, *je deviendrai.*	
Fies, *tu deviendras.*	
Fiet, *il deviendra.*	. . . .
Fiemus, *nous deviendrons.*	
Fietis, *vous deviendrez.*	
Fient, *ils deviendront.*	
FUTUR ANTÉRIEUR.	
Factus ero *ou* fuero, *je serai devenu.*	
Factus eris, *tu seras devenu.*	
Factus erit, *il sera devenu.*	. . . .
Facti erimus, *nous serons devenus.*	
Facti eritis, *vous serez devenus.*	
Facti erunt, *ils seront devenus.*	

NOTA. *Fimus, fitis*, et tout l'impératif, sont fort peu usités.

SUBJONCTIF.		INFINITIF.	PARTICIPE.
Oportet ut { Fiam, Fias, Fiat, Fiamus, Fiatis, Fiant,	*Il faut* { *que je sois fait* ou *que je de-* *que tu deviennes.* [*vienne.* *qu'il devienne.* *que nous devenions.* *que vous deveniez.* *qu'ils deviennent.*	Fieri, *devenir.*	Pas de participe présent.
Oportebat ut { Fierem, Fieres, Fieret, Fieremus, Fieretis, Fierent,	*Il fallait* { *que je devinsse.* *que tu devinsses.* *qu'il devînt.* *que nous devinssions.* *que vous devinssiez.* *qu'ils devinssent.*		
Oportuit ut { Factus sim, Factus sis, Factus sit, Facti simus, Facti sitis, Facti sint,	*Il a fallu* { *que je sois devenu.* *que tu sois devenu.* *qu'il soit devenu.* *que nous soyons devenus* *que vous soyez devenus.* *qu'ils soient devenus.*	Factum, am, um esse *ou* fuisse, *être devenu.*	Factus, a, um, *étant devenu.*
Oportuerat ut { Factus essem, Factus esses, Factus esset, Facti essemus, Facti essetis, Facti essent,	*Il avait fallu* { *que je fusse* *que tu fusses* *qu'il fût* } *devenu* *que nous fussions* *que vous fussiez* *qu'ils fussent* } *devenus*		
. . . .		Factum iri, *devoir devenir.*	Faciendus, a, um, *devant devenir.*
. . . .		Faciendum, am, um fuisse, *avoir dû devenir.*	SUPIN. Factu, *à devenir.*

INDICATIF.		IMPÉRATIF.	
PRÉSENT.		Point de première personne.	
Eo,	*je vais.*	I *ou* ito,	*va.*
Is,	*tu vas.*	Ito,	*qu'il aille.*
It,	*il va.*	Eamus,	*allons.*
Imus,	*nous allons.*	Ite *ou* itote,	*allez.*
Itis,	*vous allez.*	Eunto,	*qu'ils aillent.*
Eunt,	*ils vont.*		
IMPARFAIT.			
Ibam,	*j'allais.*		
Ibas,	*tu allais.*		
Ibat,	*il allait.*	. . . .	
Ibamus,	*nous allions.*		
Ibatis,	*vous alliez.*		
Ibant,	*ils allaient.*		
PARFAIT.			
Ivi,	*je suis allé, j'allai.*		
Ivisti,	*tu es allé.*		
Ivit,	*il est allé.*	. . . .	
Ivimus,	*nous sommes allés.*		
Ivistis,	*vous êtes allés.*		
Iverunt *ou* ivere,	*ils sont allés.*		
PLUS-QUE-PARFAIT.			
Iveram,	*j'étais allé.*		
Iveras,	*tu étais allé.*		
Iverat,	*il était allé.*	. . . .	
Iveramus,	*nous étions allés.*		
Iveratis,	*vous étiez allés.*		
Iverant,	*ils étaient allés.*		
FUTUR.			
Ibo,	*j'irai.*		
Ibis,	*tu iras.*		
Ibit,	*il ira.*	. . . .	
Ibimus,	*nous irons.*		
Ibitis,	*vous irez.*		
Ibunt,	*ils iront.*		
FUTUR ANTÉRIEUR.			
Ivero,	*je serai allé.*		
Iveris,	*tu seras allé.*		
Iverit,	*il sera allé.*	. . . .	
Iverimus,	*nous serons allés.*		
Iveritis,	*vous serez allés.*		
Iverint,	*ils seront allés.*		

SUBJONCTIF.				INFINITIF.	PARTICIPE.
Oportet ut	Eam, Eas, Eat, Eamus, Eatis, Eant,	Il faut	*que j'aille.* *que tu ailles.* *qu'il aille.* *que nous allions.* *que vous alliez.* *qu'ils aillent.*	Ire, *aller.*	Iens, euntis, *allant.*
Oportebat ut	Irem, Ires, Iret, Iremus, Iretis, Irent,	Il fallait	*que j'allasse.* *que tu allasses.* *qu'il allât.* *que nous allassions.* *que vous allassiez.* *qu'ils allassent.*		
Oportuit ut	Iverim, Iveris, Iverit, Iverimus, Iveritis, Iverint,	Il a fallu	*que je sois allé.* *que tu sois allé.* *qu'il soit allé.* *que nous soyons allés.* *que vous soyez allés.* *qu'ils soient allés.*	Ivisse, *être allé.*	Pas de participe passé.
Oportuerat ut	Ivissem, Ivisses, Ivisset, Ivissemus, Ivissetis, Ivissent,	Il avait fallu	*que je fusse allé.* *que tu fusses allé.* *qu'il fût allé.* *que nous fussions allés.* *que vous fussiez allés.* *qu'ils fussent allés.*	Iturum, am, um esse, *devoir aller.*	
. . . .				Iturum, am, um esse, *devoir aller.*	Iturus, a, um, *devant aller.*
. . . .				Iturum, am, um fuisse, ***avoir dû aller.*** GÉRONDIF. Eundi, ***d'aller.*** Eundo, ***à aller.*** (Ad) eundum, ***à ou pour aller.***	SUPIN. Itum, *aller.* Itu, *à aller.*

Remarques. — I. Le radical de ce verbe est *i*; cet *i* se change en *e* devant une voyelle : *eo, eunt, eam, euntis;* il faut en excepter seulement le nominatif du participe présent *iens*.

II. Ce verbe se conjugue sur *audio*; mais il en diffère en ce qu'à l'imparfait *ie* se contracte en *i*, et que le futur est en *bo* au lieu d'être en *am*.

III. Ainsi se conjuguent les composés de *eo :*

Ab eo,	is, ab ii *ou* ab ivi, ab itum, ab ire,	*s'en aller.*
Ex eo,	is, ex ii *ou* ex ivi, ex itum, ex ire,	*sortir.*
Per eo,	is, per ii, per itum, per ire,	*périr.*
Red eo,	is, red ii, red itum, red ire,	*revenir.*
Prod eo,	is, prod ii *ou* ivi, prod itum, prod ire,	*s'avancer.*
Ad eo,	is, ii *ou* ivi, itum, ire,	*traverser.*
Trans eo,	is, ii *ou* ivi, itum, ire,	*omettre, passer.*
In eo,	is, ii *ou* ivi, itum, ire.	*entrer.*

Ces quatre derniers sont actifs, et par conséquent ont un passif qui se conjugue sur *audior*.

Ambio, composé de *eo*, se conjugue à l'actif et au passif sur *audio*.

Ces composés font bien plus souvent le parfait en *ii* qu'en *ivi;* on ne dit même jamais *perivi, redivi*.

Queo, je puis ou je peux.

116. Ce verbe composé des lettres *qu* et de *eo* se conjugue régulièrement sur *ire;* seulement il n'a ni impératif, ni participes, ni supin, ni gérondif.

117. QUEO.

	INDICATIF.		SUBJONCTIF.	
PRÉSENT.	Queo,	*je peux ou je puis.*	Queam,	*que je puisse.*
	Quis,	*tu peux.*	Queas,	*que tu puisses.*
	Quit,	*il peut.*	Queat,	*qu'il puisse.*
	Quimus,	*nous pouvons.*	Queamus,	*que nous puissions.*
	Quitis,	*vous pouvez.*	Queatis,	*que vous puissiez.*
	Queunt,	*ils peuvent.*	Queant,	*qu'ils puissent.*
IMPARF.	Quibam,	*je pouvais.*	Quirem,	*que je pusse.*
	Quibamus,	*nous pouvions.*	Quiremus,	*que nous pussions.*
PARFAIT.	Quivi,	*j'ai pu.*	Quiverim,	*que j'aie pu.*
	Quivimus,	*nous avons pu.*	Quiverimus,	*que nous ayons pu.*
P.-Q.-P.	Quiveram,	*j'avais pu.*	Quivissem,	*que j'eusse pu.*
			Quivissemus,	*que nous eussions pu.*
FUTUR.	Quibo,	*je pourrai.*	. . . .	
FUT. PAS.	Quivero,	*j'aurai pu.*	. . . .	

IMPÉRATIF.	INFINITIF.	
	PRÉSENT.	
. . . .	Quire,	*pouvoir.*
	PARFAIT.	
. . . .	Quivisse,	*avoir pu.*

Ainsi se conjugue *nequeo*, *is*, *nequivi*, *nequire*, *ne pouvoir pas.* Ce verbe est beaucoup plus usité que *queo*.

Verbes défectifs.

118. On appelle *verbes défectifs* ceux qui manquent de certains temps ou de certaines personnes.

119. Verbes VOLO, NOLO, MALO.

	INDICATIF.		SUBJONCTIF.	
PRÉSENT.	Volo,	*je veux.*	Velim,	*que je veuille.*
	Vis,	*tu veux.*	Velis,	*que tu veuilles.*
	Vult,	*il veut.*	Velit,	*qu'il veuille.*
	Volumus,	*nous voulons.*	Velimus,	*que nous voulions.*
	Vultis,	*vous voulez.*	Velitis,	*que vous vouliez.*
	Volunt,	*ils veulent.*	Velint,	*qu'ils veuillent.*
IMP.	Volebam,	*je voulais.*	Vellem,	*que je voulusse.*
	Volebas, etc.	*tu voulais.*	Velles, etc.	*que tu voulusses.*
PARF.	Volui,	*j'ai voulu.*	Voluerim,	*que j'aie voulu.*
	Voluisti, etc.	*tu as voulu.*	Volueris, etc.	*que tu aies voulu.*
P.-Q.-P.	Volueram,	*j'avais voulu.*	Voluissem,	*que j'eusse voulu.*
	Volueras, etc.	*tu avais voulu.*	Voluisses, etc.	*que tu eusses voulu.*
FUT.	Volam,	*je voudrai.*	....	
	Voles, etc.	*tu voudras.*		
FUT. PAS.	Voluero,	*j'aurai voulu.*	....	
	Volueris, etc.	*tu auras voulu.*		

IMPÉRATIF.	INFINITIF.		
....	PRÉSENT.	Velle,	*vouloir.*
....	PARF.	Voluisse,	*avoir voulu.*
	PARTICIPE.		
....	PRÉSENT.	Volens, entis,	*voulant.*

Ainsi se conjuguent *nolo*, je ne veux pas, et *malo*, j'aime mieux.

	INDICATIF.		SUBJONCTIF.	
PRÉSENT.	Nolo,	*je ne veux pas.*	Nolim,	*que je ne veuille pas.*
	Non vis,	*tu ne veux pas.*	Nolis,	*que tu ne veuilles pas.*
	Non vult,	*il ne veut pas.*	Nolit,	*qu'il ne veuille pas.*
	Nolumus,	*nous ne voulons pas.*	Nolimus,	*que nous ne voulions pas.*
	Non vultis,	*vous ne voulez pas.*	Nolitis,	*que vous ne vouliez pas.*
	Nolunt,	*ils ne veulent pas.*	Nolint,	*qu'ils ne veuillent pas.*
IMP.	Nolebam,	*je ne voulais pas*, etc.	Nollem,	*que je ne voulusse pas*, etc.
PARF.	Nolui,	*je n'ai pas voulu*, etc.	Noluerim,	*que je n'aie pas voulu*, etc.
P.-Q.-P.	Nolueram,	*je n'avais pas voulu*, etc.	Noluissem,	*que je n'eusse pas voulu*, etc.
FUT.	Nolam,	*je ne voudrai pas*, etc.	. . . .	
FUT. P.	Noluero,	*je n'aurai pas voulu*, etc.	. . . .	

IMPÉRATIF.	INFINITIF.		
Noli ou nolito, *ne veuille pas.*	PRÉS.	Nolle,	*ne vouloir pas.*
Nolito ille, *qu'il ne veuille pas.*	PARF.	Noluisse,	*n'avoir pas voulu.*
Nolite ou nolitote, *ne veuillez pas.*		PARTICIPE.	
Nolunto, *qu'ils ne veuillent pas.*	PRÉS.	Nolens, entis,	*ne voulant pas.*

	INDICATIF.	SUBJONCTIF.	INFINITIF.
PRÉSENT.	Malo, *j'aime mieux.* Mavis, *tu aimes mieux.* Mavult, *il aime mieux.* Malumus, *nous aimons mieux.* Mavultis, *vous aimez mieux.* Malunt, *ils aiment mieux.*	Malim, *que j'aime mieux.* Malis, etc.	Malle, *aimer mieux.* Maluisse, *avoir aimé mieux.*
IMP.	Malebam, *j'aimais mieux,* etc.	Mallem, *que j'aimasse mieux.*	
PARF.	Malui, *j'ai mieux aimé,* etc.	Maluerim, *que j'aie mieux aimé*	
P.-Q.-P.	Malueram, *j'avais mieux aimé.*	Maluissem, *que j'eusse mieux [aimé.*	
	Malam, *j'aimerai mieux,* etc.	. . . .	
F. PAS.	Maluero, *j'aurai mieux aimé.*	. . . .	

Remarques. — I. *Nolo* est composé de *non volo.* Ces deux mots sont distincts dans les formes *non vis, non vult, non vultis;* partout ailleurs *no* pour *non* remplace *vo* ou *ve.*

II. *Malo* est composé de *magis volo. Ma* se joint au verbe dans les trois formes : *ma vis, ma vult, ma vultis;* partout ailleurs *ma* remplace *vo* ou *ve.*

III. Les premières personnes du futur *nolam* et *malam* sont peu usitées.

IV. *Valo* et *malo* n'ont point d'impératif.

V. *Volo* et *nolo* n'ont point de participe futur; *malo* n'a aucun participe.

VI. *Volo, nolo* et *malo* n'ont ni infinitif futur, ni supin, ni gérondif.

120. Memini, je me souviens.

	INDICATIF.		SUBJONCTIF.	
PRÉSENT.	Memini,	*je me souviens.*	Meminerim,	*que je me souvienne.*
	Meministi,	*tu te souviens.*	Memineris,	*que tu te souviennes.*
	Meminit,	*il se souvient.*	Meminerit,	*qu'il se souvienne.*
	Meminimus,	*nous nous souvenons.*	Meminerimus,	*que nous nous souvenions.*
	Meministis,	*vous vous souvenez.*	Memineritis,	*que vous vous souveniez.*
	Meminerunt,	*ils se souviennent.*	Meminerint,	*qu'ils se souviennen .*
IMP.	Memineram,	*je me souvenais.*	Meminissem,	*que je me souvinsse.*
	Memineras,	*tu te souvenais*, etc.	Meminisses,	*que tu te souvinsses.*
FUT.	Meminero,	*je me souviendrai.*	. . . .	
	Memineris,	*tu te souviendras.*		

IMPÉRATIF.		INFINITIF.	
Memento,	*souviens-toi.*	Meminisse,	*se souvenir.*
Memento ille,	*qu'il se souvienne.*		
Mementote,	*souvenez-vous.*		

Ainsi se conjuguent :

Odi, *je hais,* odisse, *haïr.*
Novi, *je sais,* novisse, *savoir.*
Cœpi, *j'ai commencé,* cœpisse, *avoir commencé.*

121. Aio, je dis.

	INDICATIF.		IMPÉRATIF.	SUBJONCTIF.
PRÉSENT.	Aio,	*je dis, j'affirme.*	Ai (rare), *dis.*	Aias, *que tu dises.*
	Ais,	*tu dis.*		Aiat, *qu'il dise.*
	Ait,	*il dit.*		Aiant, *qu'ils disent.*
	Aiunt,	*ils disent.*		
IMP.	Aiebam,	*je disais.*	. . . .	. . . .
	Aiebas,	*tu disais*, etc.		
PARF.	Aisti (rare),	*tu as dit.*	. . . .	PARTICIPE.
	Ait,	*il a dit.*		Aiens, disant.

Inquam, dis-je.

INDICATIF.				SUBJONCTIF.
PRÉSENT.		PARFAIT.		Inquiat, *qu'il dise.*
Inquam,	*dis-je.*	Inquisti,	*as-tu dit.*	IMPÉRATIF.
Inquis,	*dis-tu.*	Inquit,	*a-t-il dit.*	Inque *ou* inquito, *dis.*
Inquit,	*dit-il.*			
Inquimus,	*disons-nous.*	Inquistis,	*avez-vous dit.*	
Inquitis,	*dites-vous.*			
Inquiunt,	*disent-ils.*			
IMPARFAIT.		FUTUR.		
Inquiebat,	*disait-il.*	Inquies,	*diras-tu.*	
Inquiebant,	*disaient-ils.*	Inquiet,	*dira-t-il.*	

REMARQUES. — I. Le verbe *aio* signifie souvent *dire oui, affirmer ;* il est opposé à *nego, dire non, nier.*

II. *Inquam* n'est jamais le premier mot d'une proposition : il répond aux locutions françaises : *dis-je, dis-tu, dit-il,* qu'on emploie après un ou plusieurs mots.

DEUXIÈME PARTIE.

SYNTAXE.

122. La syntaxe a pour objet de joindre ensemble les mots d'une proposition et les propositions entre elles.

De là *syntaxe des mots, syntaxe des propositions.*

SYNTAXE DES MOTS.

DE LA PROPOSITION.

123. Toute réunion de mots formant un sens est ce qu'on appelle une *proposition.*

La proposition renferme essentiellement trois termes : *sujet, verbe, attribut.*

Ex : Dieu est bon, *Deus est bonus.* Sujet, *Dieu;* verbe, *est;* attribut, *bon.*

On trouve le sujet en mettant *qui est-ce qui* devant le verbe; la réponse à cette question indique le sujet : *Dieu est bon.* Qui est-ce qui est bon? Réponse, *Dieu*; voilà le sujet du verbe *est.*

Le *verbe* est le mot par lequel on affirme que telle ou telle qualité convient au sujet.

L'*attribut,* c'est la qualité même que l'on juge convenir au sujet.

124. En latin, ces trois termes ont entre eux une certaine concordance dans le genre, dans le nombre, dans le cas et dans la personne ; c'est ce qu'on appelle *accord.*

Chacun de ces trois termes peut aussi régir un autre mot qui sert à le compléter ; c'est ce qu'on appelle *complément.*

SYNTAXE D'ACCORD.

125. Toutes les règles d'accord reposent sur l'accord du verbe et de l'attribut avec le sujet.

CHAPITRE PREMIER.

ACCORD DU VERBE AVEC LE SUJET.

Ego audio.

126. En latin, le sujet de tout verbe à un mode personnel se met au *nominatif*, et le verbe s'accorde avec son sujet en nombre et en personne.

Ex. : J'écoute, *ego audio;* vous enseignez, *tu doces;* il lit, *ille legit.*

Audio est au singulier et à la 1re personne, parce que le sujet *ego* est du singulier et de la 1re personne, etc., etc.

Tu rides, ego fleo.

127. Quand le sujet est un pronom, on le sous-entend ordinairement; ainsi l'on dit simplement *audio, doces, legit.*

Cependant il faut exprimer le pronom sujet, quand il y a deux verbes dont le sens est opposé, ou quand la phrase contient quelque chose de vif.

Ex. : Vous riez et je pleure, *tu rides, ego fleo.*
Vous osez parler ainsi, *tu loqui sic audes!*

Petrus et Paulus ludunt.

128. Quand un verbe se rapporte à plusieurs sujets au singulier, on met le verbe au pluriel comme en français.

Ex. : Pierre et Paul jouent, *Petrus et Paulus ludunt.*

Ego et tu valemus.

129. Si les sujets sont de différentes personnes, le verbe s'accorde avec la première de préférence aux deux autres, avec la deuxième de préférence à la troisième.

Ex. : Vous et moi nous nous portons bien, *ego et tu valemus.*

Vous et votre frère vous causez, *tu fraterque garritis.*

Remarque. — En français la première personne se nomme après les autres; c'est le contraire en latin.

Turpe est mentiri.

130. En latin, comme en français, l'infinitif sert souvent de sujet à une proposition; le verbe se met alors à la troisième personne du singulier.

Ex. : Il est honteux de mentir, *turpe est mentiri.*

ACCORD DE L'ATTRIBUT AVEC LE SUJET.

131. L'attribut peut être soit un substantif, soit un adjectif ou un participe.

Augustus fuit imperator.

132. Quand l'attribut est un substantif, il s'accorde simplement en cas avec le sujet.

Ex. : Auguste fut empereur, *Augustus fuit imperator.*

Deus est sanctus.

133. Quand l'attribut est un adjectif ou un participe, il s'accorde non-seulement en cas, mais en genre et en nombre avec le sujet.

Ex. : Dieu est saint, *Deus est sanctus.*

Sanctus est au nominatif masculin singulier, parce que le sujet *Deus* est au nominatif, du masculin et du singulier.

Pater et filius sunt boni.

134. Quand l'attribut se rapporte à plusieurs sujets au singulier, il se met au pluriel, et prend le genre des sujets.

Ex. : Le père et le fils sont bons, *pater et filius sunt boni.* La mère et la fille sont bonnes, *mater et filia sunt bonæ.*

Pater et mater sunt boni.

135. Si les sujets sont de genres différents et qu'ils désignent des êtres animés, l'attribut se met au genre masculin, de préférence aux deux autres, et au genre féminin de préférence au neutre.

Ex. : Le père et la mère sont bons, *pater et mater sunt boni.*

Les paons et les colombes sont amis, *amici sunt pavones et columbæ.*

Virtus et vitium sunt contraria.

136. Si les sujets sont de différents genres et qu'ils désignent des objets inanimés, l'attribut se met au pluriel neutre.

Ex. : La vertu et le vice sont contraires, *virtus et vitium sunt contraria.*

Pulchrum est pro patria mori.

137. Quand le sujet est un infinitif, l'attribut se met au neutre.

Ex. : Il est beau de mourir pour sa patrie, *pulchrum est pro patria mori.*

Remarque. — L'infinitif est considéré comme un véritable nom neutre, avec lequel s'accorde l'adjectif : le mourir pour sa patrie est beau.

MODIFICATIONS DU SUJET ET DE L'ATTRIBUT.

Cicero consul fuit magnus orator.

138. Le sujet ou l'attribut peuvent être qualifiés par un substantif ; c'est ce qu'on appelle *apposition.*

Quand deux substantifs désignent une seule et même personne, une seule et même chose, et que le second sert à qualifier le premier, ces deux substantifs se mettent au même cas.

Ex. : Le consul Cicéron fut un grand orateur, *Cicero consul fuit magnus orator.*

Lutetia, caput Galliæ, est celeberrima.

139. L'apposition a lieu lors même que le second substantif n'est pas du même genre ou du même nombre que le premier ; dans ce cas, le verbe et l'attribut s'accordent avec le premier substantif.

Ex. : Paris, capitale de la France, est très-peuplée, *Lutetia, caput Galliæ, est celeberrima.*

Athènes, cité si glorieuse, a été détruite, *Athenæ, clarissima civitas, eversæ sunt.*

Urbs Roma fuit caput Italiæ.

140. Quelquefois les deux substantifs sont réunis en français par la préposition *de* ; l'apposition a lieu néanmoins lorsque les deux substantifs ne désignent qu'un seul et même objet.

Ex. : La ville de Rome fut la capitale de l'Italie (*tournez*, la ville Rome), *urbs Roma fuit caput Italiæ.*

Le fleuve du Rhône est rapide (*tournez*, le fleuve Rhône), *flumen Rhodanus est rapidum.*

SYNTAXE DE COMPLÉMENT.

141. Les mots susceptibles de complément sont le *nom*, l'*adjectif* et le *verbe*.

CHAPITRE II.

COMPLÉMENT DU NOM.

Liber Petri amissus est.

142. Lorsque deux noms réunis par *de*, *du*, *de la*, *des* désignent deux objets différents, le second est le complément du premier et il se met au génitif.

Ex. : Le livre de Pierre a été perdu, *liber Petri amissus est.*

La bonté de Dieu est grande, *bonitas Dei magna est.*

Tempus legendi venit.

143. Quand le complément du nom est un infinitif, cet infinitif se rend en latin par le gérondif en *di*, qui est un véritable génitif.

Ex. : Le temps de lire est arrivé, *tempus legendi venit.*

CHAPITRE III.

COMPLÉMENT DE L'ADJECTIF.

ADJECTIFS QUI GOUVERNENT LE GÉNITIF.

Avidus laudum est.

144. Les adjectifs qui marquent le désir ou l'indifférence, le savoir ou l'ignorance, la mémoire ou l'oubli, l'abondance ou la disette, etc., etc. veulent leur complément au génitif. Tels sont :

Avidus, *avide de.*	Immemor, *oublieux de.*
Amans, *ami de.*	Expers, *qui manque de.*
Studiosus, *qui a du goût pour.*	Particeps, *qui a en partage.*
Incuriosus, *indifférent pour.*	Plenus, *plein de.*
Peritus, *habile dans.*	Inops, *dépourvu de.*
Rudis, *qui ne sait pas.*	Parcus, *ménager de.*
Memor, *qui se souvient de.*	Prodigus, *prodigue de.*

Ex. : Il est avide de louanges, *avidus laudum est.*

Tu es habile dans la musique, *peritus es musicæ.*

Sum cupidus videndi.

145. Quand les adjectifs qui veulent le génitif ont pour complément un infinitif français, on met en latin cet infinitif au gérondif en *di*.

Ex. : Je suis désireux de voir, *sum cupidus videndi.*

ADJECTIFS QUI GOUVERNENT LE GÉNITIF OU LE DATIF.

Filius similis est patris *ou* patri.

146. Les adjectifs qui expriment la ressemblance, l'union, l'alliance, gouvernent le génitif ou le datif, comme *similis*, semblable à ; *par*, *æqualis*, égal à ; *affinis*, allié à, etc.

Ex. : Le fils est semblable à son père, *filius similis est patris* ou *patri*.

ADJECTIFS QUI GOUVERNENT LE DATIF.

Id mihi utile est.

147. Les adjectifs qui expriment l'utilité ou le désavantage, la faveur ou l'opposition, l'aptitude, l'habitude, la convenance, la parenté, gouvernent le datif. Tels sont :

Utilis, *utile à*.	Paratus, *disposé à*.
Commodus, *avantageux à*.	Aptus, *propre à*.
Iratus, *irrité contre*.	Assuetus, *accoutumé à*.
Noxius, *nuisible à*.	Jucundus, *agréable à*.
Carus, *cher à*.	Propinquus, *proche de*.

Ex. : Cela m'est utile, *id mihi utile est*.

Le corps est accoutumé au travail, *corpus est assuetum labori*.

Ranarum crura apta sunt natando.

148. Quand les adjectifs qui veulent le datif ont pour complément un infinitif en français, on met en latin cet infinitif au gérondif en *do*.

Ex. : Les membres des grenouilles sont propres à nager, *ranarum crura apta sunt natando*.

ADJECTIFS QUI GOUVERNENT L'ACCUSATIF AVEC *AD*.

Cæsar propensus erat ad lenitatem.

149. Tous les adjectifs qui expriment un penchant, une inclination, une disposition à quelque chose, gouvernent l'accusatif avec *ad*.

Ex. : César était porté à la douceur, *Cæsar propensus erat ad lenitatem*.

Ce jeune homme est enclin au vice, *hic juvenis proclivis ad vitium est*.

Sylla pronus erat ad irascendum.

150. Quand ces adjectifs sont suivis d'un infinitif en

français, on met en latin cet infinitif au gérondif en *dum*.

Ex. : Sylla était prompt à se mettre en colère, *Sylla pronus erat ad irascendum*.

ADJECTIFS QUI GOUVERNENT L'ABLATIF.

Hic puer præditus est virtute.

151. Les adjectifs *præditus*, doué de; *dignus*, digne de; *contentus*, content de; *fessus*, fatigué de; *refertus*, plein de; *superbus*, orgueilleux de; *orbus*, privé de; etc., veulent leur complément à l'ablatif.

Ex. : Cet enfant est doué de vertu, *hic puer præditus est virtute*; il est digne d'éloge, *dignus est laude*.

COMPLÉMENT DES COMPARATIFS.

152. Le complément des comparatifs peut s'exprimer en latin de deux manières.

Doctior Petro Paulus est.

153. Quand le comparatif est exprimé par un seul mot latin, le *que* français ne se traduit pas, et le complément du comparatif se met à l'ablatif.

Ex. : Paul est plus savant que Pierre, *doctior Petro Paulus est*.

La vertu est plus précieuse que l'or, *virtus est pretiosior auro*.

Paulus est doctior quam Petrus.

154. On peut aussi, après le comparatif, exprimer que par *quam* et mettre le second terme de la comparaison au même cas que le premier.

Ex. : Paul est plus savant que Pierre, *Paulus est doctior quam Petrus*.

Je ne connais personne plus savant que Paul, *neminem novi doctiorem quam Paulum*.

Felicior est quam prudentior.

155. Quand, après un comparatif, *que* est suivi d'un

adjectif ou d'un adverbe, cet adjectif ou cet adverbe se met encore au comparatif, et le second adjectif au même cas que le premier.

Ex. : Il est plus heureux que prudent, *felicior est quam prudentior.*

Il a agi avec plus de bonheur que de prudence (*tournez*, plus heureusement que prudemment), *felicius egit quam prudentius.*

Magis temerarius est quam prudens.

156. Mais si l'un des deux adjectifs ou des deux adverbes n'a pas de comparatif, on exprime plus par *magis*, et l'on met les deux adjectifs ou les deux adverbes au positif; le *que* s'exprime toujours par *quam.*

Il est plus téméraire que sage, *magis temerarius est quam prudens.*

Honorez Dieu avec plus de piété que de magnificence (*tournez*, plus pieusement que magnifiquement), *Deum cole magis pie quam magnifice.*

COMPLÉMENT DES SUPERLATIFS.

Cedrus est altissima arborum, *ou* **ex arboribus,** *ou* **inter arbores.**

157. Le nom pluriel qui sert de complément au superlatif relatif, se met au génitif, ou à l'ablatif avec *e*, *ex*, ou à l'accusatif avec *inter.*

Ex. : Le cèdre est le plus haut des arbres, *cedrus est altissima arborum*, ou *ex arboribus*, ou *inter arbores.*

Remarque. — Le superlatif s'accorde en genre avec le nom pluriel qui suit. Ainsi *altissima* est du féminin, parce que *arborum* est du féminin ; c'est comme s'il y avait *arbor altissima arborum.*

Plato erat doctissimus Græciæ.

158. Si le complément du superlatif est un nom singulier, on met également ce complément au génitif, mais le superlatif ne prend pas le genre de ce complément.

Ex. : Platon était le plus savant de la Grèce, *Plato erat doctissimus Græciæ*. C'est comme s'il y avait : Platon était le plus savant *des hommes* de la Grèce.

Validior manuum dextra est.

159. Quand on ne parle que de deux choses, au lieu du superlatif qui est en français, on se sert du comparatif en latin, et le mot *deux* ne s'exprime pas.

Ex. : La droite est la plus forte des deux mains, *validior manuum dextra est*.

Maxime omnium est conspicuus.

160. Quand l'adjectif latin n'a pas de superlatif, on se sert de *maxime* avec le positif.

Ex. : Il est le plus remarquable de tous, *maxime omnium est conspicuus*.

CHAPITRE IV.

COMPLÉMENT DES VERBES.

COMPLÉMENT DIRECT A L'ACCUSATIF.

Amo Deum.

161. Tout verbe actif ou transitif veut son complément direct à l'accusatif.

Ex. : J'aime Dieu, *amo Deum*.

On trouve le complément direct en faisant après le verbe la question *qui?* pour les personnes ; *quoi* ? pour les choses.

J'aime Dieu. J'aime *qui? Dieu*, voilà le complément direct du verbe *j'aime*.

Imitor patrem.

162. Un grand nombre de verbes déponents sont actifs par le sens et gouvernent également l'accusatif.

Ex. : J'imite mon père, *imitor patrem*.

Nous admirons la vertu, *miramur virtutem*.

CHAPITRE V.

COMPLÉMENT INDIRECT.

163. Beaucoup de verbes actifs et déponents, outre le complément direct, peuvent avoir un autre complément que l'on appelle *complément indirect.*

On trouve le complément indirect d'un verbe en faisant la question *à qui? à quoi? de qui? de quoi?* après le complément direct, s'il y en a un; après le verbe, s'il n'y a pas de complément direct.

J'ai envoyé un présent à Paul. J'ai envoyé un présent *à qui? à Paul*, voilà le complément indirect du verbe j'*ai envoyé.*

Le complément indirect exprime soit le point où l'on tend, soit le point d'où l'on part; de là complément indirect de *tendance*, complément indirect d'*éloignement*.

COMPLÉMENT INDIRECT DE TENDANCE.

—

164. Le complément indirect de *tendance* est généralement marqué en français par la préposition *à*, et en latin par le datif seul ou par l'accusatif avec la préposition *ad.*

Do vestem pauperi.

165. Les verbes qui signifient *donner*, *dire*, *promettre*, *rendre*, *accorder*, etc. veulent leur complément indirect au datif.

Ex. : Je donne un habit au pauvre, *do vestem pauperi.*

Dieu promet une vie éternelle au juste, *Deus vitam æternam justo promittit.*

Remarque. — Les verbes passifs peuvent également prendre ce complément indirect : Un habit a été donné au pauvre, *vestis data est pauperi.* — La vie éternelle est promise au juste, *vita æterna justo promittitur.*

Mundus Deo paret.

166. La plupart des verbes neutres veulent leur complément indirect au datif.

Ex. : Le monde obéit à Dieu, *mundus Deo paret.*

Favemus nobilitati.

167. Un certain nombre de verbes actifs en français, sont neutres en latin et gouvernent le datif.

Ex. : Nous favorisons la noblesse, *favemus nobilitati.*

Il a contenté le maître, *satisfecit præceptori.*

Defuit officio.

168. Les composés du verbe *sum*, excepté *absum* et *possum*, gouvernent le datif.

Ex. : Il a manqué à son devoir, *defuit officio.*

Il était présent à ce spectacle, *aderat huic spectaculo.*

Magna calamitas tibi imminet, impendet, instat.

169. Les trois verbes *imminere*, *impendere*, *instare*, menacer, gouvernent le datif.

Ex. : Un graud malheur vous menace, *magna calamitas tibi imminet, impendet, instat.*

Remarque. — Avec ces trois verbes, le sujet est toujours un nom de chose.

Minatur mortem homini.

170. Mais si le sujet du verbe *menacer* est un nom de personne, on se sert du verbe *minari;* dans ce cas, le nom de la chose dont on menace quelqu'un devient complément direct et se met à l'accusatif.

Ex. : Il menace l'homme de la mort (*tournez*, il menace la mort à l'homme), *minatur mortem homini.*

Le verbe *gratulari*, féliciter, se construit de la même manière.

Ex. : Il le félicite de sa victoire, *ei gratulatur victoriam.*

Petivit veniam patri.

171. On met au datif le complément indirect qui marque

le but que l'on se propose, et qui répond à la question *pour qui? pour quoi? à l'avantage* ou *au désavantage de qui?*

Ex. : Il a demandé une grâce pour son père, *petivit veniam patri.*

Est mihi liber.

172. Quand on se sert du verbe *sum* pour traduire *avoir*, on met le nom de la personne au datif.

Ex. : J'ai un livre (*tournez*, un livre est à moi), *est mihi liber.*

Scribo tibi *ou* ad te epistolam.

173. Les trois verbes *scribo,* j'écris ; *mitto,* j'envoie ; *fero,* je porte, ainsi que plusieurs de leurs composés, veulent leur complément indirect au datif ou à l'accusatif avec *ad.*

Ex. : Je vous écris une lettre, *scribo tibi* ou *ad te epistolam.*

Hæc via ducit ad virtutem.

174. Quand le verbe exprime quelque mouvement, comme *conduire à,* ou une inclination vers quelque chose, comme *exhorter à, exciter à,* etc. le complément indirect se met à l'accusatif avec *ad.*

Ex. : Ce chemin conduit à la vertu, *hæc via ducit ad virtutem.*

Ex. : Je vous exhorte au travail, *te hortor ad laborem.*

Si le complément indirect, au lieu d'être un substantif, est un infinitif, on traduit également *à* par *ad,* et l'on met le verbe au gérondif en *dum,* qui est un véritable accusatif.

Ex. : Je vous exhorte à lire, *te hortor ad legendum.*

A lire l'histoire, *ad legendum historiam* ou mieux *ad legendam historiam* (§ 143).

COMPLÉMENT INDIRECT D'ÉLOIGNEMENT.

175. Le complément indirect d'*éloignement* est généralement marqué en français par la préposition *de,* et en latin par l'ablatif avec une ou sans une des prépositions *a*, *ab*, *e*, *ex*, *de*.

Accepi litteras a patre meo.

176. Les verbes *petere*, demander ; *accipere*, recevoir ; *mutuari*, emprunter ; *emere*, acheter ; *exspectare*, attendre; *impetrare*, obtenir, etc. veulent leur complément indirect à l'ablatif avec *a* ou *ab*.

Ex. : J'ai reçu une lettre de mon père, *accepi litteras a patre meo*.

Il a demandé une grâce au roi, *petivit beneficium a rege*.

Remarque. — On a vu précédemment (§ 171) que, demander une grâce *pour* quelqu'un, s'exprime par *petere veniam alicui*, tandis que, demander une grâce *à* quelqu'un, se traduit par *petere beneficium ab aliquo*.

Accepi magnam voluptatem ex tuis litteris.

177. Si le complément indirect des verbes précédents, ainsi que des verbes *haurire*, puiser à ; *accendere*, allumer à; *capere*, *sumere*, prendre à, etc. est un nom de chose, on le met à l'ablatif avec *e* ou *ex*.

Ex. : J'ai ressenti une grande joie de votre lettre, *accepi magnam voluptatem ex tuis litteris*.

Il puisa de l'eau à une fontaine, *hausit aquam ex fonte*.

Abundat divitiis; nulla re caret.

178. Les verbes qui expriment *abondance* ou *disette*, gouvernent ordinairement l'ablatif.

Ex. : Il regorge de biens, *abundat divitiis*.

Il ne manque de rien, *nulla re caret*.

Implevit dolium vino.

179. Dans la classe des verbes qui expriment l'*abondance* il faut ranger les verbes *implere*, remplir ; *cumulare*, combler; *satiare*, rassasier ; *affluere*, abonder.

Ex. : Il a rempli un tonneau de vin, *implevit dolium vino*.

Tu l'as comblé de bienfaits, *eum beneficiis cumulasti*.

COMPLÉMENT INDIRECT EXPRIMÉ PAR LE GÉNITIF.

Miserere pauperum.

180. Le verbe *misereri*, avoir pitié, gouverne le génitif.
Ex. : Ayez pitié des pauvres, *miserere pauperum.*

Vivorum memini, nec possum oblivisci mortuorum.

181. Les verbes *oblivisci*, oublier; *recordari*, *meminisse*, *reminisci*, se souvenir, gouvernent le génitif ou l'accusatif.

Ex. : Je me souviens des vivants, et je ne puis oublier les morts, *vivorum memini, nec possum oblivisci mortuorum.*

Il se souvient de sa patrie, *patriæ* ou *patriam reminiscitur.*

Admonui eum periculi *ou* de periculo.

182. Les verbes *monere*, *admonere*, *commonere*, avertir; *facere certiorem*, informer, ainsi que le passif de ces verbes, veulent leur complément indirect ou au génitif ou à l'ablatif avec *de*.

Ex. : Je l'ai averti du danger, *admonui eum periculi* ou *de periculo.*

Je l'ai informé de votre dessein (*tournez*, je l'ai fait plus certain de votre dessein), *eum certiorem feci tui consilii.*

Insimulavit hominem furti.

183. Les verbes *accusare*, *arguere*, *insimulare*, accuser; *damnare*, *condemnare*, condamner; *absolvere*, absoudre; *convincere*, convaincre, veulent au génitif le complément indirect qui exprime le délit.

Ex. : Il a accusé l'homme de larcin, *insimulavit hominem furti;* d'avarice, *avaritiæ.*

COMPLÉMENT DES VERBES PASSIFS.

Amor a Deo.

184. Le complément des verbes passifs marqué en

français par *de* ou *par*, se met en latin à l'ablatif avec *a* ou *ab*, quand c'est un nom de personne ou de chose personnifiée.

Ex. : Je suis aimé de Dieu, *amor a Deo.*

Le monde est gouverné par la Providence, *mundus a Providentia administratur.*

Mœrore conficior.

185. Quand le complément est un nom de chose, on le met à l'ablatif sans préposition.

Ex. : Je suis accablé de chagrin, *mœrore conficior.*

CHAPITRE VI.

COMPLÉMENT CIRCONSTANCIEL.

186. Outre le complément direct et le complément indirect, les verbes peuvent encore avoir d'autres compléments, qu'on appelle *circonstanciels.*

On les appelle ainsi, parce qu'ils servent à exprimer les *circonstances* qui accompagnent une action.

Les compléments circonstanciels peuvent se ramener à quatre principaux : la *cause*, la *manière*, le *temps*, le *lieu;* ils répondent aux questions suivantes : *pourquoi? comment? quand? où?*

I.

LA CAUSE.

Fame interiit.

187. Le nom qui exprime la *cause* d'une action se met à l'ablatif sans préposition.

Ex. : Il mourut de faim, *fame interiit.*

NOMS D'ORIGINE.

Jove *ou* **ex Jove natus est.**

188. Le nom qui exprime l'*origine* se met à l'ablatif avec ou sans *e* ou *ex.*

Ex. : Il est issu de Jupiter, *Jove* ou *ex Jove natus est.*

NOMS DE MATIÈRE.

Vas ex auro illi dedit.

189. Le nom qui exprime la *matière* dont une chose est faite se met à l'ablatif avec *e* ou *ex*.

Ex. : Il lui donna un vase d'or, *vas ex auro illi dedit*; — une statue d'airain, *signum ex œre*.

Au lieu du nom de matière, il est mieux d'employer l'adjectif qui en est tiré.

Ex. : Un vase d'or, *vas aureum;* une statue d'airain, *signum œneum*.

II.

NOMS DE MANIÈRE.

Vincis forma, vincis magnitudine.

190. Le nom qui exprime la *manière* dont une chose se fait se met à l'ablatif sans préposition.

Ex. : Vous l'emportez en beauté, en grandeur, *vincis forma, vincis magnitudine*.

NOMS D'INSTRUMENT ET DE MOYEN.

Gladio eum occidit.

191. Le nom de *l'instrument* dont on se sert pour faire quelque chose se met à l'ablatif sans préposition.

Il le tua de son épée, *gladio eum occidit*.

Le loup attaque avec ses dents, *dentibus lupus petit*.

NOMS DE LA PARTIE.

Teneo lupum auribus.

192. Le nom qui désigne la *partie*, se met à l'ablatif sans préposition.

Ex. : Je tiens le loup par les oreilles, *teneo lupum auribus*.

NOMS DU PRIX, DE LA VALEUR.

Hic liber constat viginti assibus.

193. Le nom qui marque le *prix*, la *valeur* de quelque chose, se met à l'ablatif sans préposition.

Ex. : Ce livre coûte vingt sous, *hic liber constat viginti assibus*.

Cette victoire coûta beaucoup de sang, *multo sanguine hæc victoria stetit*.

NOMS DE MESURE.

Id velum longum est tres ulnas.

194. Le nom qui exprime la *mesure* se met à l'accusatif sans préposition.

Ex.: Ce voile est long de trois aunes, *id velum longum est tres ulnas*.

NOMS DE DISTANCE.

Abest viginti passus *ou* **passibus.**

195. Le nom de *distance* se met à l'accusatif ou à l'ablatif sans préposition.

Ex. : Il est éloigné de vingt pas, *abest* ou *distat viginti passus* ou *passibus*.

III.

LE TEMPS.

196. Il y a quatre questions de temps.

QUANDO? quand une chose se fait.

QUAMDIU? combien de temps elle dure?

QUAMDUDUM ? depuis quel temps elle se fait ?

QUANTO TEMPORE? en combien de temps elle se fait ?

QUESTION QUANDO.

Veniet die dominica.

197. Le nom qui marque *à quelle époque* une chose se

fait, s'est faite ou se fera, se met à l'ablatif sans préposition, et, s'il y a un nombre exprimé, on se sert du nombre ordinal.

Ex. : Il viendra dimanche, *veniet die dominica ;* le mois prochain, *mense proximo* ; à trois heures (*tournez*, à la troisième heure), *tertia hora.*

QUESTION QUANDIU.

Regnavit tres annos *ou* **tribus annis.**

198. Le nom qui marque *combien de temps* une chose dure, a duré et durera, se met à l'ablatif sans préposition, et l'on se sert du nombre cardinal.

Ex. : Il a régné trois ans, *regnavit tres annos*, ou *tribus annis.*

QUESTION QUANDUDUM.

Tertium annum regnat.

199. Le nom qui marque *depuis combien de temps* une chose se fait se met à l'accusatif, et l'on se sert du nombre ordinal.

Ex. : Il y a trois ans qu'il règne (*tournez*, il règne sa troisième année), *tertium annum regnat.*

Ex. : Il y a plusieurs années que je suis lié avec votre père, *multos annos utor familiariter patre tuo.*

QUESTION QUANTO TEMPORE.

Id fecit tribus annis.

200. Le nom qui marque *en quel espace de temps* une chose s'est faite ou se fera, se met à l'ablatif sans préposition ou *intra* avec l'accusatif.

Ex. : Il a fait cela en trois ans, *id fecit tribus annis.*

Dieu a créé le monde en six jours, *Deus mundum creavit intra sex dies.*

IV.

LE LIEU.

201. Il y a quatre questions de lieu :

UBI? Le lieu où l'on est, où l'on fait quelque chose.
QUO? Le lieu où l'on va, où l'on vient.
UNDE? Le lieu d'où l'on vient, d'où l'on sort.
QUA? Le lieu par où l'on passe.

QUESTION UBI.

Sum in Gallia, in urbe.

202. Le nom de lieu où l'on est, où l'on fait quelque chose, se met à l'ablatif avec *in*, quand c'est un nom de pays, et devant les noms communs.

Je suis en France, *sum in Gallia;* dans la ville, *in urbe.*

Il se promène dans le jardin, *ambulat in horto.*

(On met *horto* à l'ablatif, parce qu'on ne sort pas du jardin.)

Natus est Avenione, Athenis.

203. Quand le nom de lieu est un nom de ville, on sous-entend la préposition.

Ex. : Il est né à Avignon, *natus est Avenione;* à Athènes, *Athenis*.

Habitat Romæ, Lugduni.

204. Si le nom de ville est au singulier et de la première ou de la deuxième déclinaison, on le met au génitif.

Ex. : Il habite à Rome, *habitat Romæ;* à Lyon, *Lugduni.*

QUESTION QUO.

Eo in Galliam, in urbem.

205. Le nom du lieu où l'on va, où l'on vient, se met à l'accusatif avec *in* quand on entre dans le lieu, avec *ad* quand on ne va qu'auprès.

Ex. : Je vais en France, *eo in Galliam*; à la ville, *in urbem.*

Ils vinrent au même ruisseau, *venerunt ad eumdem rivum.*

Ibo Lutetiam.

206. On sous-entend la préposition, quand c'est un nom de ville.

Ex. : J'irai à Paris, *ibo Lutetiam ;* à Lyon, *Lugdunum*.

QUESTION UNDE.

Redeo ex Gallia, ex urbe.

207. Le nom du lieu d'où l'on part, d'où l'on vient, se met à l'ablatif avec *e* ou *ex* quand on *sort* du lieu, avec *a* ou *ab* quand on s'en *éloigne*.

Ex. : Je reviens de la France, *redeo ex Gallia* ; de la ville, *ex urbe*.

Il s'éloigne de la ville, *ab urbe proficiscitur*.

Redeo Roma.

208. On sous-entend la préposition, quand c'est un nom de ville.

Ex. : Je reviens de Rome, *redeo Roma*.

QUESTION QUA.

Iter feci per Galliam, per Lugdunum.

209. Le nom du lieu par où l'on passe se met à l'accusatif avec *per*.

Ex. : J'ai passé par la France (*tournez*, j'ai fait route), *iter feci per Galliam ;* par Lyon, *per Lugdunum*.

TABLE MÉTHODIQUE.

PREMIÈRE PARTIE.

SUPPLÉMENT A LA PREMIÈRE PARTIE.

DEUXIÈME PARTIE.

SYNTAXE.

www.ingramcontent.com/pod-product-compliance
Ingram Content Group UK Ltd.
Pitfield, Milton Keynes, MK11 3LW, UK
UKHW031913260826
14628UKWH00003B/1172

9 782014 024494